〈김광순 소장 필사본 고소설 100선〉
정비전 · 김신선전 · 양반전

역주 강영숙姜英淑

대구에서 태어나 학업을 쌓았다. 경북대학교 대학원에서 『조선후기 열녀전의 유형과 의미朝鮮後期 烈女傳의 類型과 意味』로 문학석사 학위를 받았고, 영남대학교 대학원에서 『한국의 열녀전 연구』로 문학박사 학위를 받았다. 2006년에 한국불교문인협회 제7회 신인상 수상 시부문에 당선되어 등단했다. 시작품으로 『대지大地』, 『귀원歸原』, 『만추晩秋』, 『해인사』 등이 있다. 논문으로 「조선조 열녀전의 구성 방식과 문학사적 의의」(정신문화연구 제30권 2호, 한국학중앙연구원, 2007) 등 다수가 있고 저서로 『대구지명유래총람』(공저) 등 6권, 역서譯書 『국역인백당신생일고國譯忍百堂先生逸稿』(2006), 『국역계산유고國譯桂山遺稿』(2012) 등이 있다. 현재 경북대와 향교에서 강의하고 있다.

택민국학연구원 연구총서 64
〈김광순 소장 필사본 고소설 100선〉

정비전 · 김신선전 · 양반전

초판 인쇄 2020년 12월 20일
초판 발행 2020년 12월 31일

발행인 비영리법인 택민국학연구원장
역주자 강영숙
주 소 대구시 동구 아양로 174 금광빌딩 4층
홈페이지 http://www.taekmin.co.kr

발행처 (주)박이정
　　　　대표 박찬익 ▮ 편집장 한병순
주 소 경기도 하남시 조정대로45 미사센텀비즈 F749호
전 화 031) 792-1193 ▮ **팩스** 02) 928-4683
홈페이지 www.pjbook.com ▮ **이메일** pjbook@naver.com
등 록 2014년 8월 22일 제2020-000029호

ISBN 979-11-5848-599-3　94810
ISBN 979-11-5848-593-1　(세트)

* 책값은 뒤표지에 있습니다.

택민국학연구원 연구총서 64

김광순 소장 필사본 고소설 100선

정비전 · 김신선전 · 양반전

강영숙 역주

(주)박이정

간행사

  21세기를 '문화 시대'라 한다. 문화와 관련된 정보와 지식이 고부가가치를 지니기 때문에, '문화 시대'라는 말을 과장이라 할 수 없다. 이러한 '문화 시대'에서 빈번히 들을 수 있는 용어가 '문화산업'이다.
  문화산업이란 문화 생산물이나 서비스를 상품으로 만드는 산업 형태를 가리키는데, 문화가 산업 형태를 지니는 이상 문화는 상품으로서 생산·판매·유통 과정을 밟게 된다. 경제가 발전하고 삶의 질에 관심을 가질수록 문화 산업화는 가속도가 붙을 것이다.
  문화가 상품의 생산 과정을 밟기 위해서는 참신한 재료가 공급되어야 한다. 지금까지 없었던 것을 만들어낼 수도 있으나, 온고지신溫故知新의 정신으로 오랜 세월에 걸쳐 그 훌륭함이 증명된 고전 작품을 돌아봄으로써 내실부터 다져야 한다. 고전적 가치를 현대적 감각으로 재현하여 대중에게 내놓을 때, 과거의 문화는 살아 있는 문화로 발돋움한다.
  조상들이 쌓아 온 문화유산을 소중히 여기고 그 속에서 가치를 발굴해야만 문화 산업화는 외국 것의 모방이 아닌 진정한 우리의 것이 될 수 있다.
  이제 고소설에서 그러한 가치를 발굴함으로써 문화 산업화 대열에 합류하고자 한다. 소설은 당대에 창작되고 유통되던 시대의 가치관과 사고체계를 반드시 담는 법이니, 고소설이라고 해서 예외일 수는 없다.
  고소설을 스토리텔링, 영화, 드라마, 애니메이션, CD 등 새로운 문화 상품으로 재생산하기 위해서는 문화생산자들이 쉽게 접하고 이해할 수 있게끔 고소설을 현대어로 옮기는 작업이 선행되어야 한다.
  고소설의 대부분은 필사본 형태로 전한다. 한지韓紙에 필사자가 개성있는 독특한 흘림체 붓글씨로 썼기 때문에 필사본이라 한다. 필사본 고소설을 현대어로 옮기는 작업은 쉽지가 않다. 필사본 고소설 대부분이 붓으로 흘려 쓴 글자인 데다 띄어쓰기가 없고, 오자誤字와 탈자脫字가 많으며, 보존과 관리 부실로 인해 온전하게 전승되지 못하는 경우가 많다.

그뿐만 아니라, 이미 사라진 옛말은 물론이고, 필사자 거주지역의 방언이 뒤섞여 있고, 고사성어나 유학의 경전 용어와 고도의 소양이 담긴 한자어가 고어체古語로 적혀 있어서, 전공자조차도 난감할 때가 있다. 이러한 이유로, 고전적 가치가 있는 고소설을 엄선하고 유능한 집필진을 꾸려 고소설 번역 사업에 적극적으로 헌신하고자 한다.

필자는 대학 강단에서 40여 년 동안 강의하면서 고소설을 수집해 왔다. 고소설이 있는 곳이라면 주저하지 않고 어디든지 찾아가서 발품을 팔았고, 마침내 487종(복사본 포함)의 고소설을 수집할 수 있게 되었다. 때로는 수집할 때 한 달 봉급을 투자한 일이 한두 번이 아니었지만 말없이 가정을 꾸려온 내자(금광약국 정윤주 약사)에게 이 공적(한국고소설전집84권, 3.1 문화상 등)을 돌리고 싶다. 때로는 필사본 고소설이 소중함을 알고 내어놓기를 주저할 때는 그 자리에서 밤을 세워 필사筆寫하거나(복사기가 없던 시절), 복사를 하고 소장자에게 돌려주기도 했다. 그렇게라도 하지 않았다면 지금쯤 벽지나 휴지가 되어 사라졌을 가능성이 크다. 본인이 소장하고 있는 작품 중에는 고소설로서 문학적 수준이 높은 작품이 다수 포함되어 있고 이들 중에는 학계에도 알려지지 않은 유일본과 희귀본도 있어 문화재로서의 가치가 매우 큰 작품도 많다. 필자 소장 487종을 연구원들이 검토하여 100편으로 선택하여 이를 〈김광순 소장 필사본 고소설 100선〉이라 이름 한 것이다.

〈김광순 소장 필사본 고소설 100선〉 제1차 역주본 8권에 대한 학자들의 〈서평書評〉을 보더라도 그 의의가 얼마나 큰 지를 짐작할 수 있다.

국어국문학회 전회장이고 한국고소설학회 초대회장인 소재영 박사는 『국학연구론총』(택민국학연구원) 제19집 〈서평〉에서 "고소설연구의 획기적 지평확대"라고 제목을 하고 -김광순 소장 필사본 고소설 100선에 부쳐-라고 부제를 붙이고 김광순 교수의 소설 번역은 알려지지 않은 작품이 많아서 올바른 국문학사를 다시 쓰이게 할 것이라고 극찬했다. 한국고소설학회 전 회장 건국대 명예교수 김현룡 박사는 『고소설연구』(한국고소설학회) 제39집 〈서평〉에서 "아직까지 연구된 적이 없는 작품들이 다수 포함되어 있어서 앞으로 국문학연구에 크게 기여할 것"이라 했고, 국민대 명예교수 조희웅 박사는 『고전문학연구』(한국고전문학회) 제47집 〈서평〉에서 "문학적인 수준이 높거나 학계에 알려지지 않은 유일본과 희귀본 100종만을 골라 번역했다"고 극찬했다. 고려대 명예교수 설중환 박사는 『국학연구론총』(택민국학연구원) 제15집 〈서평〉에서 "한국문화의 세계화라는 토대를 쌓음으로써 한국문학에 크게 기여할 것이라"고 했다.

제2차 역주본 8권에 대한 학자들의 〈서평〉을 보면, 한국고소설학회 전 회장 건국대 명예교수 김현룡 박사는 『국학연구론총』(택민국학연구원) 제18집 〈서평〉에서 "총서에 실린 새로운 작품들은 우리 고소설 학계의 현실에 커다란 활력소가 될 것"이라고 했고, 고려대 명예교수 설중환 박사는 『고소설연구』(한국고소설학회) 제41집 〈서평〉에서 〈승호상송기〉, 〈양추밀전〉 등은 학계에 처음 소개하는 유일본으로 문화재적인 가치는 매우 크다"라고 했다. 영남대 교육대학원 교수 신태수 박사는 『동아인문학』(동아인문학회) 31집 〈서평〉에서 전통시대의 대중이 향수하던 고소설을 현대의 대중에게 되돌려준다는 점과 학문분야의 지평을 넓히고 활력을 불어 넣는다고 하면서 "조상이 물려준 귀중한 문화재를 더 이상 훼손되지 않도록 갈무리 할 수 있는 문학관 건립이 화급하다"고 했다.

언론계의 반응 또한 뜨거웠다. 매스컴과 신문에서 역주사업에 대한 찬사가 쏟아졌다. 언론계의 반응을 소개해 보면, 〈조선일보〉의 〈기사〉(2017.2.8.)에서 "古小說, 일반인도 쉽게 읽을 수 있도록"이라는 제목에서 "우리 문학의 뿌리를 살리는 길"이라고 대서특필했고, 〈매일신문〉의 〈기사〉(2017.1.25.)에서 "고소설 현대어 번역 新문화상품"이라는 제목에서 "희귀·유일본 100선 번역사업,

영화·만화재생산 토대 마련"이라고 극찬했다. 〈영남일보〉의 〈기사〉(2017. 1.27)는 "김광순 소장 필사본 고소설 100선 3차 역주본8권 출간"이라는 제목에서 "문화상품 토대 마련의 길잡이"란 제목에서 극찬했고, 〈대구일보〉의 〈기사〉(2017.1.23)는 "대구에 고소설 박물관 세우는 것이 꿈"이라는 제목에서 "지역 방언·고어로 기록된 필사본 현대어 번역"이라고 극찬했다.

또한 2018년 10월 12일 전국학술대회에서 "〈김광순소장 필사본 고소설 100선〉 역주본의 인문학적 활용과 문학사적 위상"이란 주제로 조희웅(국민대), 신해진(전남대), 백운용(대구교대), 권영호(경북대), 신태수(영남대) 교수가 발표하고, 송진한(전남대), 안영훈(경희대), 소인호(청주대), 서인석(영남대), 김재웅(경북대) 교수가 토론했다. 김동협(동국대), 최은숙(경북대) 교수가 사회를, 설중환(고려대) 교수가 좌장을 맡아 진행했다. 이들 교수들은 역주본의 인문학적 활용과 가치를 높이 평가했고, 소설문학연구에 새로운 영역을 개척, 문학사적 가치와 위상이 매우 높고 문화재급 가치가 있는 소설들이 많아 그 가치는 매우 크다고 평가했다. 뿐만 아니라 역주사업이 전부일 수는 없다. 역주사업도 중요하지만, 고소설 보존은 더욱 중요하다고 하면서 고소설이 보존되어야 앞으로 역주사업도 가능해지기 때문이다.

고소설의 보존이 어째서 얼마나 중요한지는 『금오신화』 한 편만으로도 설명할 수 있다. 『금오신화』는 임진왜란 이전까지는 조선 사람들에게 읽히고 유통되었다. 최근 중국 대련도서관 소장 『금오신화』가 그 좋은 증거이다. 문제는 임진왜란 이후로 자취를 감추었다는 데 있다. 우암 송시열도 『금오신화』를 얻어서 읽을 수 없었다고 할 정도이니, "임란 이후에는 유통이 끊어졌다"고 해야 할 것이다. 그럼에도 『금오신화』가 잘 알려진 데는 이유가 있다. 작자 김시습이 경주 남산 〈용장사〉에서 창작하여 석실石室에 두었던 『금오신화』가 어느 경로를 통해 일본으로 반출되어 일본에서는 몇 차례 출판되었기 때문이다. 당시 일본 유학생이었던 육당 최남선이 일본에서 출판된 대총본 『금오신화

』를 우리나라로 역수입하여 1927년 『계명』 19호에 수록함으로써 비로소 한국에서 알려지게 되었다. 『금오신화』 권미卷尾에 "서갑집후書甲集後"라는 기록으로 보면 현존 『금오신화』가 을乙집과 병丙집도 있었으리라 추정되니, 현존 『금오신화』 5편이 전부가 아닐 가능성이 높다. 귀중한 문화유산이 방치되다 일부 소실되는 지경에까지 이르렀으니, 한국인으로서 부끄럽기 그지없다.

이런 문제를 해결하기 위해서는 필사본 고소설을 보존하고 문화산업에 활용할 수 있는 '고소설 문학관'이 건립되어야 한다. 고소설 문학관은 한국작품이 외국으로 유출되지 못하도록 할 뿐 아니라 개인이 소장하면서 훼손되고 있는 필사본 고소설을 체계적으로 관리하는 데 크게 기여할 수 있을 것이다.

현재 가사를 보존하는 '한국가사 문학관'은 전남에 있지만, 고소설의 경우에는 그와 같은 시설이 전국 어느 곳에도 없으므로, '고소설 문학관' 건립은 화급을 다투는 일이다.

고소설 문학관은 영남에, 그 중에서도 대구에 건립되어야 한다. 본격적인 한국 최초의 소설은 김시습의 『금오신화』로서 경주 남산 〈용장사〉에서 창작되었음을 상기할 필요가 있다. 경주는 영남권역이고 영남권역 문화의 중심지는 대구이기 때문에, 고소설 문학관은 대구에 건립되어야 한다.

고소설 문학관 건립을 통해 대구가 한국 문화 산업의 웅도이며 문화산업을 선도하는 요람이 될 것을 확신하는 바이다.

2020년 10월 1일

경북대학교명예교수 · 중국옌볜대학교겸직교수
택민국학연구원장 문학박사 김 광 순

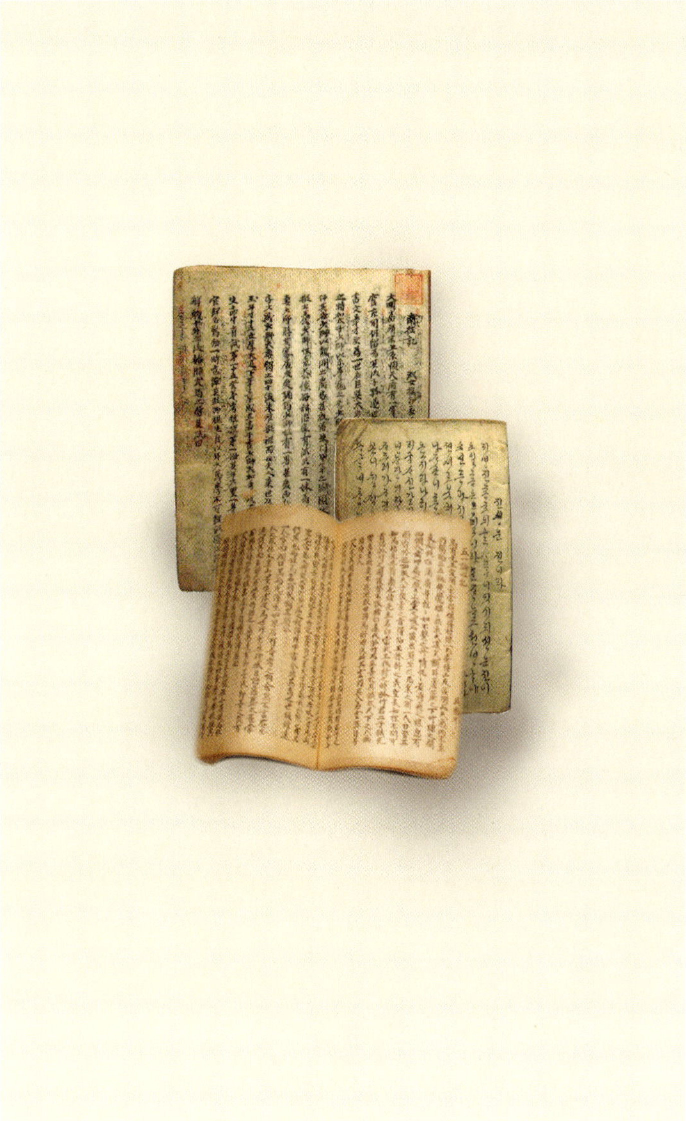

일러두기

1. 해제를 앞에 두어 독자의 이해를 돕도록 하고, 이어서 현대어역과 원문을 차례로 수록하였다.

2. 해제와 현대어역의 제목은 현대어로 옮긴 것으로 하고, 원문의 제목은 원문 그대로 표기하였다.

3. 현대어 역주사업은 김광순 소장 필사본 한국고소설 487종에서 정선한 〈김광순 소장 필사본 고소설 100선〉을 대본으로 하였다.

4. 현대어 역주사업은 독자들이 쉽게 이해할 수 있도록 한글 맞춤법에 맞게 의역하는 것을 원칙으로 하고, 어려운 한자어에는 한자를 병기하였다. 낙장 낙자일 경우 타본을 참조하여 의역하였다.

5. 화제를 돌리어 딴말을 꺼낼 때 쓰는 각설却說·화설話說·차설且說 등은 가능한 적당한 접속어로 변경 또는 한 행을 띄움으로 이를 대신할 수 있도록 하였다.

6. 낙장과 낙자가 있을 경우 다른 이본을 참조하여 원문을 보완하였고, 이본을 참조해도 판독이 어려울 경우 그 사실을 각주로 밝히고, 그래도 원문의 판독이 불가능한 경우에만 □로 표시하였다.

7. 고사성어와 난해한 어휘는 본문에서 풀어쓰고, 그렇지 않은 경우에는 각주를 달아서 참고하도록 하였다.

8. 원문은 고어 형태대로 옮기되, 연구를 돕기 위해 띄어쓰기만 하고 원문 쪽수를 숫자로 표기하였다.

9. '해제'와 '현대어'의 표제어는 현대어로 번역한 작품명을 따라 쓰고, 원문의 제목은 원문제목 그대로 표기한다. 한자가 필요할 경우에는 한글 아래 괄호없이 한자를 병기 하였다.

   예문 1) 이백李白 : 중국 당나라 시인. 자는 태백太白, 호는 청련거사靑蓮居士 중국 촉蜀땅 쓰촨[四川] 출생. 두보杜甫와 함께 시종詩宗이라 함.

10. 문장 부호의 사용은 다음과 같다.
    1) 큰 따옴표(" ") : 직접 인용, 대화, 장명章名.
    2) 작은 따옴표(' ') : 간접 인용, 인물의 생각, 독백.
    3) 『 』 : 책명册名.
    4) 「 」 : 편명篇名.
    5) 〈 〉 : 작품명.
    6) [ ] : 표제어와 그 한자어 음이 다른 경우.

목차

□ 간행사 / 5
□ 축간사 / 11
□ 일러두기 / 13

제1부 정비전

I. 〈정비전〉 해제 ···19
II. 〈정비전〉 현대어역 ··43
III. 〈정비전〉 원문 ···119

제2부 김신선전

I. 〈김신선전〉 해제 ···185
II. 〈김신선전〉 현대어역 ··191
III. 〈김신선전〉 원문 ···199

제3부 양반전

I. 〈양반전〉 해제 ··205
II. 〈양반전〉 현대어역 ···209
III. 〈양반전〉 원문 ··215

Ⅰ. 〈정비전〉 해제

〈정비전〉은 창작 연대 작자 미상의 조선조 고소설로서 여성군담소설의 일종이다. 본고의 대상 작품은 김광순 소장 필사본고소설 487종 하나이다. 이 작품을 서지학적으로 살펴보면 한지韓紙에 모필毛筆로 씌어진 것으로 세로 30cm, 가로 21cm, 총 83장본에 166면 본이다. 각 면은 세로로 10행, 각행 평균 19자로서 쓴 흘림체 한글본이다.

〈정비전〉

김광순 소장 필사본 〈정비전〉 작품 말미에 '정축연삼월초구일필셔노라'고 씌어 있는 점과 지질, 묵질, 표기 문자 등으로 보아 김광순 소장본의 〈정비전〉의 필사 연대는 1877년 정축년이라 추정된다.

따라서 김광순 소장 필사본 고소설 〈정비전〉의 필사筆寫 연대는 조선후기라고 생각되나, 원본 〈정비전〉의 연구가 나와 그 본의 창작 연대 추적이 이루어져야 정확한 창작 연대를 알 수 있다. 현재로는 창작 연대 작자 미상의 한글 고소설일 뿐이다.

〈정비전鄭妃傳〉의 이본異本으로는 크게 나누어 네 종류가 있으니, 83장본 〈정비젼〉, 84장본 〈鄭妃傳〉과 73장본 〈증비젼〉, 47장본 〈뎡비젼〉이 있고 국립중앙도서관에 45장본의 〈졍비젼〉이 있다. 〈정비전〉의 다른 이름으로 전해오고 있는 것으로는 〈정빈전〉,〈 정선매전〉,〈정설매전〉, 〈정성모전〉, 〈정태비전〉, 〈정현무전〉, 〈정후비전〉 등으로 불리어져 전해 오고 있다.

본고는 독자들을 위해 먼저 〈졍비젼〉의 모티프 수용양상을 플롯 주도형 모티프와 삽입모티프의 두 가지로 구분하여 살펴보고, 이들 모티프들이 작품 내에서 어떤 의미를 가지고 있는지를 살펴보자.

먼저 이 책을 읽을 독자들을 위해 줄거리부터 간단하게 요약정리하면 다음과 같다.

주周 천자天子 시절, 양주 땅에 정유라는 선비가 있어 늘그막에 딸을 하나 두었다. 내외 간의 기쁨도 잠시, 어린 나이에 어머니를 여의고 소저 자라며 병법과 검술을 익혔다. 부친 강로는 나라의 부름을 받고 오랑캐들을 내치려 멀리 태양도로 떠난다. 이때 조정의 신하 중 이부상서 양경이란 간신이 항상 소저를 자신의 며느리로 삼고자 하는 것을 알고 정소저 한 꾀를 내어 이 세상을 하직한 양 집안 하인들에게 모두 상복을 입히고 곡을 하게 하였다. 양경은 강로가 태양도를 떠난 것을 알고 소저의 집에 아들과 함께 찾아왔다. 소저가 목숨을 끊은 것으로 여겨 탈기하며 돌아간다.

한편, 이때 태자가 시종을 데리고 산천을 이리저리 다니다 마침 정소저 집을 지나게 되었다. 어디서 들려오는 낭랑한 여인의 글 읽는 소리에 몸이 이끌려 들어보니 여인의 몸으로 병서를 읽는 소리였다. 이어 탄식하는 소리를 듣고 바로 정강로의 여식이라는 걸 알게 된다. 또한 내일 가까이 있는 관음사로 가서 부친의 안위를 발원한다는 말까지 듣는다. 이튿날 여자 복장을 하고는 정소저 앞에 나타나 자신의 처지와 비슷하다며 친구로 지내자고 한다. 정소저 외로워 마음 둘 데 없어하다 기뻐한다. 이에 정소저 자기 집으로 데려가 함께 먹고 이부자리도 함께하게 된다. 한편, 정소저는 몽중에서 노승이 나타나 부친의 위험을 알린다. 무장을 갖추고 부친이 계신 전장으로 달려가 갖은 고초를 겪으며 교지국 군사를 격퇴하고 포로가 되어 있는 부친을 구출하여 교지국 왕의 항복을 받으며 부친을 만나 회포를 풀고 돌아온다. 태자 정소저 돌아온 것을 알고 더욱 소저를 가까이 하며 정이 깊어갔다. 하루는 하는 수 없이 태자라는 것을 밝히니 소저 한편 창피하기도 자존심도 상해 고개를 들지 못한다. 태자는 주상에게 말씀드려 소저와의 혼인을 약속받고 태자비로 간택된다. 얼마 안 있어 태자비는 천손을 잉태한다. 양귀비가 양경의 아들과 짜고 태자비를 모해하니 태자비는 감옥에서 황손을 생산할 때 까지는 목숨을 부지하나 황손을 낳게 되면 사형에 처하라는 황명이 있게 된다. 이에 태자의 노력으로 민가에 한 여인을 거짓으로 사형시키고 태자비는 궁을 나가 자신의 집에 죽은 사람처럼 지내게 된다.

얼마 후 태자비가 살아 있다는 말을 태자를 통해 왕후가 듣고 기뻐하며 더욱 깊은 곳으로 몸을 숨기라는 지시가 있게 된다. 하는 수 없어 태자비는 남복을 하고 길을 떠난다.

이때 정비가 배를 타고 가다 마침 한때 시랑 벼슬을 지낸 이운춘이라는 자와 동승, 정비의 거동을 보고 서로 성명을 통할 새, 정비를 보니 진정 백설이나 옥 같은지라. 마음이 경외스러워 하며 통성명을 하다 재상의 집에 까지 이르러 그 곳에서 기거하게 된다.

재상에게는 딸이 하나 있어 태자비를 자신의 사위로 삼고자 한다. 태자비 하는 수 없어 결국 혼인을 허락한다. 허나 결국 자신의 신분을 밝히고 혼인을 허락한 이 소저를 태자의 후궁으로 맞이하겠다는 약속을 한다. 한편, 이때 양경의 지위가 점점 높이 오름에 외람된 마음을 먹고 계교를 꾸미거늘, 황상을 조롱하며 충신을 모해하니 조정이 모두 양경의 명령대로 시행이 되고 있었다.

이때 시랑 댁에 정비는 날로 문무를 익히며 황성 소식을 탐지하던 차에 반란 소식을 듣고 사정이 경각에 달린 것을 알고 일시를 지체 않고 황상과 태자의 존망을 구함이 자신의 도리요 신하의 도리라며 즉일 행장을 차려 삼태칠성 말을 타고 채를 드니 청룡이 구름을 타고 오운을 행하는 듯하였다. 정비 그 날랜 거동은 춘 삼월 제비 같고 늠름한 기상은 가을의 서리 같았다. 정비의 칼이 번득 일 때 마다 적의 머리 땅에 떨어지는지라. 황상은 젊은 장군의 기백과 검술, 충성으로 신하의 도리를 다하는 정비를 대하여 자난 번 안남국 전에서도 용감무쌍한 장수임을 익혀 듣고 알던 터에 직접 그 장수를 보며 천신인가 하였더니 이제야 만났다며 천하를 그대와 반분하더라도 아깝지 않다고 하였다.

여러 날 만에 천자 환궁하여 승전고를 울리고 정비 삼태칠성 말위에 뚜렷이 앉아 삼군을 호령하니 초야 백성들의 위안이 되어 모두 축복하였다. 출전한 장수들 차례로 상을 하사하며 호령하였다. 한편 태자비 양경과 그 일당 들을 모조리 잡아 들여 상벌을 논하였으며 황제도 모든 사실을 알게 되어 태자비를 볼 면목이 없다고 하며 그 간의 노고를 치하하였다. 한편 정원수 고국 소식 모두 듣고 눈물을 흘리며 기쁨을 금치 못하였다. 이때 양국의 왕이 자신의 딸을 정원수에게 시집보내고자 허여해 주기를 청하니 정원수 다시 혼사를 치르고 일시에 삼남을 두게 된다. 태자와 정비는 만나 회포를 풀며 그간의 노고를 이르며 이운춘과 이소저를 궁으로 불러 함께 기쁨을 나눈다.

라고 하는 이야기이다.

고소설 〈졍비젼〉은 창작군담소설로서 여성이 주인공이며 여걸형女傑形 창작군담소설이다. 이 소설의 여주인공은 여성 영웅으로서 탁월한 자질과 능력을 발휘하여 여성으로서 최고의 높은 지위까지 오르는 인물이다. 이러한 여성영웅이 등장하는 소설로서는 '정수정전'이나 '홍계월전' 등이 있는데 하지만 이 소설은 다른 소설들과는 또 다른 구성적인 면모가 있기에 주목해야할 고소설이라 할 수 있을 것이다. 하지만 아직까지는 〈졍비젼〉에 대한 뚜렷한 연구 성과는 나오지 않고 있다. 지금까지 연구되지 않은 〈졍비젼〉의 모티프 수용양식을 살펴보고 서사적 의미를 살펴 〈졍비젼〉이란 소설을 읽는 독자들에게 조금이라도 도움이 될 수 있었으면 한다.

문학 작품이란 치밀한 내부적 조직을 가지고 있는 하나의 완결된 형상으로서 각 요소들이 상호 긴밀한 관계를 가짐으로써 하나의 완결된 의미를 형성하고 있는 하나의 구조이다. 그러므로 이런 연구의 한 방법으로 소설 내에서 수용된 모티프를 살펴보는 것은 또 하나의 좋은 방법이라고 할 수 있을 것이다.

모티프(motif)는 문학에서 자주 반복되어 나타나는 하나의 요소 '-사건이나 기법이나 공식의 한 유형-'이다.[1] 이런 모티프는 우리

---

1) 이명섭, 세계문학비평용어사전, 을유문화사, 1985, p.135.

고소설에서 수 없이 많이 나타나고 있고, 이 작품 내에서도 존재하고 있다. 이 장에서는 이런 모티프들을 플롯주도형 모티프와 삽입모티프 둘로 나누어 소설 내에 어떤 모습으로 수용되어 있는 지를 살펴보도록 하자.

첫째 이합離合모티프부터 찾아보자.

이합모티프는 남녀 주인공의 '만남-헤어짐-만남'의 과정을 보여주는 요소이다.[2] 이런 이합모티프는 우리 소설 속에서 여러 가지의 형태로 나타나는데, 남녀의 이별과 결합을 얘기하는 것과 부모와 자식의 이별과 만남을 얘기하는 것 대개 이 두 가지 정도가 나타난다고 할 수 있다.[3]

여기 〈정비젼〉의 이합모티프는 이 두 가지 의미가 모두 나타난다고 할 수 있는데 〈정비젼〉의 전반부는 주인공인 '졍셩모'가 외적의 친입과 간신의 흉계로서 아버지와 이별한 뒤 적에게 잡혀있던 아버지를 구하고 외적을 물리치는 과정은 부모와 자식과 만남을 의미하는 이합모티프이고 작품 후반부에는 '양귀비'의 모함을 받아 남편인 '황태자'와 이별하고 다시 만나는 과정은 남녀의 이별과 결합을 의미하는 이합모티프라고 할 수 있다. 그럼 작품의 전반부에 등장하는 부모와의 이별과 만남을 의미하는 이합모티프를 작품

정미선, 전게논문, p.1에서 재인용.
2) 정미선, 전게논문, p.9.
3) 남녀의 이별과 만남은 혼사장애 모티프라는 이름으로 나타나기도 한다.

을 분석하여 살펴보겠다.

① '정성모'는 '정강노'의 무남독녀로 태어나 홀 아버지 밑에서 요조가인으로 성장한다.
② 적대자인 '양경'의 청혼을 거절하였기 때문에 그 보복으로 '정강노'는 안남 교지국으로 출정하게 된다.
③ '정성모'는 '양경'이 찾아 올 줄 알고 죽음을 가장하여 위기를 모면한다.
④ '정성모'는 안남 교지국으로 출정한 아버지의 패배 소식을 듣고 꿈에 노승의 도움을 받아 남장하여 출전한다.
⑤ '정성모'는 적장들을 죽이고 아버지를 구하고 상봉한다.

위와 같이〈정비젼〉의 전반부 서사구조를 살펴보면 자식과 부모의 '만남-헤어짐-만남'의 이합모티프가 전형적으로 나타나고 있다.
〈정비젼〉의 후반부에는 남녀 이합모티프가 나타나는데 후반부의 서사단락을 나누어 살펴보겠다.

① '정성모'가 귀가하자 황태자는 황제에게 고하여 황태자비로 간택한다.
② '정비'는 적대자(양귀비)의 모함에 빠진다.
③ 황제는 '정비'를 옥에 가둔다.
④ '정비'는 황손을 출산한 후 궁중을 탈출하고 황태자는 거짓으로 '정비'가 죽었다고 황제에게 보고한다.
⑤ 황후가 황태자를 위하여 '정비'에게 떠날 것을 명한다.

⑥ '정비'는 남장하여 배를 타고 가던 중 이시랑을 만나 그의 집에 머무르며 도움을 받는다.
⑦ '정비'는 이시랑의 딸과 결혼하고, 결혼생활에서 의심을 받게 되자 자신의 신분을 밝힌다.
⑧ 양경이 모반하여 그 친족들과 함께 모반을 일으키고 황제는 위험에 빠진다.
⑨ '정비'는 양경을 토벌하고 자신의 신분을 밝히며 황태자비로 복위한다.
⑩ 황태자가 황제가 되고 주인공은 황후가 되어 태평성대를 구가하고 장수한다.

위와 같이 이 작품의 후반부 서사단락을 살펴보면 주인공인 '정비'가 황태자비가 되어 궁궐로 들어간 후 모함을 받아 궁궐에서 나오고 황태자와 헤어진 다음 이시랑을 만나 도움을 받으며 결국 적대자인 양경을 물리치고 행복한 결합을 한다는 구조가 된다. 이것은 고소설에서 혼인시련에 따른 남녀이합모티프의 핵심유형과 일치한다. 남녀이합모티프의 핵심유형은 아래와 같다.

① 남녀결연 또는 정혼
② 남녀이혼 또는 이별의 사유 발생
③ 여자의 고난이나 죽음
④ 구조자의 출현과 여자의 시련극복(또는 죽음에서 환생함)
⑤ 남녀 극적으로 상봉
⑥ 완전한 부부로서의 행복한 결말[4]

이 핵심유형은 애정소설, 가문소설, 군담소설 등의 고소설의 어떤 유형들에서도 대부분 일치하고 있으며 혼인시련에 따른 남녀이합을 다룬 고소설들과 내적 특성을 공유한다고 할 수 있다.5) 〈정비전〉 또한 여성영웅을 주인공으로 한 창작군담소설이지만 예외 없이 이런 내적 특성을 공유하고 있다.

이와 같이 〈정비전〉은 이합모티프를 플롯주도형 모티프로 수용하고 있다. 하지만 이 작품에서는 여타의 작품들과는 다른 수용양상이 나타나고 있는데 그것은 전반부와 후반부의 이합모티프 수용양상이 다르게 나타나고 있다는 것이다. 여타의 작품들이 여기에서 살펴본 이합모티프의 두 가지 부류 중에서 한 가지만을 수용하여 작품이 구성되어지는 단순한 구조를 보이지만 이와는 달리 이 작품에서는 두 가지 모두가 전반부, 후반부에서 다르게 수용되고 있다. 이것은 〈정비전〉만이 가지는 독특한 형식적 특성이라 할 수 있고, 고소설의 구조형식이 좀 더 복합적인 형태로 발전되어 갔음을 알 수 있게 한다.

다음으로는 꿈 모티프를 살펴보자.

꿈모티프는 '조신전'이후 우리의 많은 서사물에서 발견되고 있는 중요한 모티프들 중의 하나이다. 그리고 꿈모티프가 서사물에서

---

4) 박용식, 고소설의 원시종교사상연구, 고려대학교민족문화연구소, 1986, p.123.
   정미선, 전게논문, p.11.에서 재인용.
5) 정미선, 전게논문, p.11.

나타나는 유형에는 두 가지가 있는데 첫째로, 꿈이 고전소설의 모티프로서 이야기 전개에 직접 관여하고 있는 경우가 있다. 그 중에서도 특히 꿈속에서 벌어지는 사건을 방관자적, 관찰자적 입장에서의 경험사실로 서술하고 있는 몽유류夢遊類와 주인공 자신의 삶의 일대기 그 자체를 몽중사건夢中事件으로 처리하고 있는 몽자류夢字類는 꿈속의 세계 그 자체가 바로 소설작품이다. 이와는 달리 두 번째로, 꿈 모티프는 소설의 부분 부분에 삽입됨으로써 인물의 혈통이나 능력의 비범성을 드러내고, 결연이나 위기상황 모면의 계기를 마련하는가 하면, 헤어진 가족이나 왕과 상봉하는 등 사건 전환을 위한 극적 장치로서의 삽입모티프적 기능을 지니기도 한다.[6] 〈정비젼〉에 삽입된 모티프는 후자에 해당한다고 할 수 있고, 등장하는 형태는 태몽모티프와 운몽모티프로 나누어진다. 태몽모티프는 주로 영웅의 출생과 관련되는 모티프로서 주인공의 신성성을 강조하고, 운몽모티프는 사건의 전개에 직접 관여하면서 위기에 처한 영웅의 행동을 제약, 지시하는 꿈이다.[7]

그럼 먼저 〈정비젼〉에서 수용된 태몽모티프를 살펴보면 아래와 같다.

> 일일언 정강노 흔 꿈얼 어더니 옥갓흔 션관니 천운얼 타고 나려와 강노압픠 시지ᄒ거날 살펴본이 옥연쇼옥이 션여 안즈시

---

[6] 이헌홍, 고전소설강론, 세종출판사, 1999. p.399.
[7] 이헌홍, 전게논문, pp.400-405.

> 되 얼골언 홍도화 갖고 몸이 사향포얼 입고 허리이 환검인신얼 차고....강노양위전이 합즁비티왈 쳡언 쳔상사람으로 상공 실하의 미시러 와사오니 여엿뻐 싱각하압소셔 강노씨 싸르니 남과일 몽이라...8)

위의 내용은 주인공의 부친인 정강노가 슬하에 자식이 없어 걱정을 하고 있었는데 주인공의 신이한 탄생을 알려주는 꿈을 꾸고 주인공을 낳게 되는 과정을 보여준다.

그리고 다음으로 〈정비젼〉에 나타나는 운몽모티프를 살펴보면 아래와 같다.

> 비몽간이 노셩이 드러와 이로듸 니난 국가이 겹피 이조모이 잇고 쪼흔 거듸 부친이 경각이 잇신 듯 하니 낭ᄌ난 겹피가 구하라 마련 낭ᄌ 지비 잇시듸 시속사람이 모르고 마티 둔지 오리라 거마얼 타고 갑쥬와 칼얼 낭ᄌ집이 지목하이 무쳐시니 겹피 ᄎᄌ 듸공얼 이루소셔...9)

위의 부분은 주인공의 부친이 운남 교지국을 토벌하던 중 적에게 사로잡히고 토벌군도 위기에 **빠졌을** 때 집에 머무르던 주인공이 몽중에서 노승의 얘기를 듣고 부친과 토벌군을 구하라는 계시를 받는 부분이다. 그리고 이 계시 후 운남 교지국으로 가서 부친을

---
8) 김광순소장 필사본한국고소설전집49권, 경인문화사, 1994, pp.4-5.
9) 김광순소장필사본 한국고소설전집 49권, pp.29-30.

구하게 된다. 이것은 영웅을 주인공으로 하는 많은 고소설에 보이는 전형적 운몽모티프이다.

다음에는 신물信物모티프를 보자.

신물은 주인공이 고난과 시련을 해결하는데 도움을 주는 신령스러운 물건이다. 그리고 이런 신령스러운 물건은 작품의 서사구조에서 주인공의 능력을 향상시켜 영웅으로서의 면모를 갖추게 하는 역할을 한다. 그리고 신물信物을 얻는 데에는 주인공의 적강謫降과 동시에 같이 가지고 내려오는 경우와 주인공이 지상에서 원조자로부터 얻는 경우 두 가지가 있다.

그럼〈정비젼〉에서 신물信物모티프가 어떻게 수용되고 있는 지를 살펴보면 다음과 같다.

마련 낭즈지비 잇시되 시속사람이 모르고 마티 둔지 오릭라 거마얼 타고 갑쥬와 칼얼 낭즈집이 지목ᄒᆡ 무쳐시니 겁피 츠즈 딕공얼 이루소셔 하거날 씨다르니 남가일몽 일지라 신기히 너기고 종들얼 불너 왈 말을 잇난듸로 모라 더리라 하니 츙두 명한듸로 겁피 불얼 발키고 츠릭로 모라드리라 호령ᄒᆞ듸...... 츙두 직시 말얼 잇걸고 왓거날 보니 거동이 최미하야 몸이 죵이 무슈이 무치고 두 눈얼 깜고 쯔지아니 아이ᄒᆞ난지라 이말언 보디 졍강노이 쳥츈이 사신갓더라 오난 길이...... 소계 거동얼 듸히하여 왈 이 말언 삼티칠셩마로다하고 모욕즈개하고 제무을 가초와 유목하이 시ᄒᆞ고 유시차 모연모일이 손여 셩모난 일월 셩신셰씌 비나이다...... 반셕 드러나며 금자로 분명이 싀기거날 나으가 보니하여 시듸 졍승모아 탁이라하여 써날고 반셕얼 열고 보니 과연 황금갑 쥬와 칠쳑장검이 아거날 마음이 황홀하야 갑쥬얼 들고 보니 두엇 자 상용이 엄씨르 기운얼 통하고 등의 황검듸즈로 싀이시듸 츙이 지비라 하엿드라 소졔 질거운 마암얼 이기지 못하여 갑쥬와 칼얼 가지고 드러와 비속 등얼 불러 왈......10)

위의 부분은 주인공인 '졍셩모'가 아버지의 위험을 알고 있는 중에 노승으로부터 말과 갑주, 그리고 검이 있는 곳을 듣게 되고 그 신물信物들을 가지고 아버지를 구하게 된다는 내용이다.

이와 같이〈정비전〉의 신물모티프 수용양상은 운몽모티프와 결합하여 나타나는 모습을 보이고 원조자 또한 실질적인 인물이 아니라 꿈속에 나타난 노승이므로 다른 소설에서와는 조금 다른 모습을 가지고 있다고도 할 수 있다. 그리고 이 신물들은 주인공의 역량을 한층 발전시켜주는 것으로 여자라는 주인공의 약점을 보완해 주는 역할을 하고 있다.

다음에는 변신變身(男裝·女裝)모티프를 찾아보자.
〈정비전〉의 삽입모티프에는 또한 변신變身(남장여장)모티프가 있다. 이것은 변신모티프11) 중의 하위 모티프로서 이성으로의 가

---

10) 김광순소장필사본 한국고소설전집 49권, pp.30-35.
11) 변신모티프는 여러 종류의 형태로 우리 고소설에서 나타나는데 그 종류를 나누면 신체의 변신, 능력의 변신, 정신적인 변신으로 분류할 수 있다. 김미란, 고대소설과 변신, 정음문화사, 1984, p.13.

장假裝을 이야기하는 것이며 이런 남장·여장모티프는 고소설에 상당히 많이 나타나는 모티프이다. 그리고 이렇게 변장을 하는 원인은 거의 흡사한데 남자가 여자로 변장하는 것은 자기의 배우자로 정해진, 또는 배우자로 정했으면 하는 여자를 미리 한번 만나 보기 위하여 행해지고[12] 한편 여자가 남장을 하는 경우는 앞의 경우보다 훨씬 많은 곳에서 찾아 볼 수 있는데, 여주인공들이 남장을 하는 이유는 위기로부터의 탈출이거나 여자로서는 행할 수 없는 일들을 남장을 통하여 행하기 위해서이다.

이 작품에서는 남장여장 모티프 모두가 나타난다. 먼저 여자가 남장을 하는 경우를 살펴보면 아래와 같다.

> 젹일 말힝ᄒ고 쇠머리이 황금모 진ᄎ고 울시고 몸이 용인갑얼 입고 손이 칠쳑장검얼 줍고 허리이 보조 등을 ᄎ고 삼삼틱칠셩마 우이 두려시 안조시니 거동이 넘넘하여 천신갓드라[13]

위의 내용은 아버지의 위기를 듣고 신물을 획득한 후 아버지를 구하기 위하여 출전하기 전의 주인공이 남장한 모습을 그리고 있는 내용이다. 아무리 작품의 주인공인 '셩모'가 재주가 뛰어나고 병법과 무술을 익히고 있다하더라도 그 시대에서 여자가 전장으로 나가는 것은 생각할 수 없기에 작품 속에서도 어쩔 수 없이 남장을

---

12) 이런 모티프를 가진 대표적 작품은 '구운몽'이다.
13) 김광순소장필사본 한국고소설전집 49권, p.36.

선택하게 되었다고 생각된다.
그리고 다음 부분을 살펴보도록 한다.

> 정비 이말얼 듯고 놀너 겁피 힝중얼 차리니 남복얼 환착하고 젼일 견중이 갓든 말과 갑쥬와 칼얼 가지고 장사쳑이 즘간 피후리 라후고 직시 유모와 시비 옥소이어도 다릴이고 밤 삼경이 쓰난지라 문츙이 션두이 하직후고날 졍비실허 왈 경 언혜난 백골난망이라 일후 홍만유지이리라도 갑지 못훌가 염여후드니......14)

이 부분은 '정비'가 양귀비의 모함을 받고 궁에서 도망쳐 나와 본가에 있을 때, 황후가 정비에게 다시 종적을 감출 것을 권하고, 이후 행장을 꾸리고 남복하여 떠나는 모습을 보여 주고 있다. 이 부분 또한 여주인공으로서 자신의 시련을 극복하기 위하여 남장을 한 후 위기에서 탈출하는 변신變身(남장·여장)모티프의 전형적 모습을 보여준다.

그리고 이와는 달리 황태자가 여장女裝을 하는 모습을 볼 수 있는데 이를 보면 다음과 같다.

> 직시 화풍후야 유모와 시비얼 불너 이러러 후시고 졍소졔 힝츠얼 살필라 이젹이 쇼졔 시비얼 다리고 관음사로 힝후거날 틱즈 또훈 여복어로 환복후고 시비얼 다리고 이날 관음사로 차자가니......15)

---

14) 김광순소장필사본 한국고소설전집 49권, pp.100-101.

이 부분은 황태자가 '정성모'를 마음에 두고 그녀와 만나기 위하여 관음사로 여장을 한 후 찾아 가는 장면이다. 앞에서 언급한 바와 같이 소설에서 대부분 자신의 정해진 배우자를 한 번 만나기 위하여 이루어지는 것이 대부분이다. 그리고 이 작품에서도 자신의 마음에 드는 여성을 한 번 만나기 위하여 이루어지는 것이기에 유사하다고 할 수 있을 것이다.

　다음에는 부정누명不貞陋名모티프를 찾아보자
　부정누명모티프란 설화와 고소설에서 많이 사용되고 있는 모티프이다. 특히 여성이 주인공일 때 여주인공의 시련의 한 과정으로서 많이 등장한다. 부정누명모티프는 부정不貞과 누명陋名의 합성어로 각각의 의미가 있는데 여러 설화와 고소설에서 등장하는 부정과 누명의 모습을 보면 부정의 의미는 남편으로서 또는 아내로서 정조를 지키지 않음을 뜻하거나, 여성으로서 정조를 지키지 않아 행실이 조촐하지 못함을 뜻한다고 할 수 있고 누명의 의미는 사실이 아닌 일로 말미암아 억울하게 뒤집어 쓴 불명예, 또는 사실이 아닌 일로 말미암아 이름이 더렵혀지는 억울한 형편을 뜻한다고 할 수 있을 것이다.16)
　〈정비전〉 작품에서도 분명히 이와 같은 부정누명모티프가 나타

---

15) 김광순소장필사본 한국고소설전집 49권, pp.18-19.
16) 김정덕, 설낭자전에 나타난 부정누명 모티프의 수용양상과 그 의미, 경북대 석사논문, 2003, p.5.

나는데, 나타나는 부분을 먼저 살펴보도록 하겠다.

> 양귀비얼 더부러 모희하기얼 의논하드라 졍소져 틱비된 습삭 만이 잉틱ᄒ여 난지라 양귀비 싱각하딕 만일 황손얼 나어면 사랑 더욱 듕홀거시니 소졔 치사하라 ᄒ고 길얼 싱각더라 이젹이 양귀비 황용단 흔필을 가지고 졍비궁어로 드러가 일느 왈 황졔 압폐 용포얼 지어라 하시니 슈즁이 녁넉지 못하여 가져와사오니 괴롭다 말소셔…… 직시 용포얼 짓더니 양귀비 도라와 그 쌀 비언공쥬로 히가 안즈더니 말솜 비연이 퇴ᄌ궁얼로 나오거날 양귀비 짐직 문왈 졍비 무엇하더양 하니 틱비 연위딕왈 용포 짓더이다 양귀비 왈 틱ᄌ이 젹지 용포 실딕업거날 용포 진난 써진 알귀 업다…… 황졔 이 말얼 더러 실리업양 귀비이왈 황ᄌ로 희여검 틱ᄌ부터라 하신 딕 양귀비 짐직 말유 왈 이 이얼 셩사ᄒ오면 틱ᄌ되사 될거시니 뒤얼 살피소셔……젼일 틱비 취ᄒ 후로 쥭엄변하시니 무삼이고 이시릿ᄀ …… 후로 황졔 틱ᄌ와 졍비얼 딕ᄒ면 변싴ᄒ시니……17)

이 부분은 '졍비'가 태자비로 들어오고 난 후 세 달 만에 아이를 갖고 황제의 사랑을 받자 이것에 위협을 느낀 양경과 양귀비가 '졍비'를 모해하여 누명을 씌우는 부분이다. 황제의 용포를 짓게 하여 그것이 황제를 위한 것이 아니라 태자를 위한 것으로 모해하고 황제가 '졍비'에게 의심을 품게 하는 것이다.

---

17) 김광순소장필사본 한국고소설전집 49권, pp.86-89.

잇씨 큰 아달일 황상이 심히 사량하더라 우연 득병하야 죽어 귀비가 안이흔 씨얼니여 입비도 약얼 엿고 붓덜고 통곡 왈 황상이 말지 못ᄒ여 정비 신첩얼 미여하여 첩이 죄로 무죄흔 니ᄌ식얼 죽이시니 엇지하여야 원슈얼 갑풀고 하며 가삼얼 쑤다리며 기절 ᄒ니 황승이 디로ᄒ여…… 퇴비궁 기미양 더런직 정비 원망ᄒ여 모칙얼 하드니 이런흔 변이 이사오니 엇지 망걱지 아이하리요 양귀비 이 말얼 듯고 가삼믈 쑤다리셔 통곡 왈 지ᄒ난 셀피지 못ᄒ나 니 자식이 미쳐시니 엇지 원통치 안이ᄒ리요 하며 무슈이 통곡ᄒ나 황승이 디로 왈 흉악흔 연얼 일시로 두리요 마난 이미 ᄌ식얼 가짓다하니 나즁에 엄슈하라……[18]

여기에서는 부정누명모티프가 더욱 확대되어 '정비'가 죄를 받는 결정적인 장면이다. 양귀비의 아들이 병을 얻어 죽은 후 양귀비가 계교를 꾸며 죽은 아들의 입에 독약을 넣어 놓고 황제에게 고해 받친 후 '정비'에게 모든 잘못을 뒤집어씌우는 것을 보여주고 있는 것이다. 이후 '정비'는 죄를 받은 후 시련을 당하게 되고 시련을 극복한 후 다시 황태자비로 돌아오게 된다.

다음에는 이상과 같은 모티프가 소설 작품 속에서 어떤 서사적 의미를 가지는지를 살펴보자.

첫째, 여걸형 창작군담소설의 구조를 강화시킨다.

지금까지 보아온 모티프 수용양상을 살펴볼 때 이 작품의 모든

---

[18] 김광순소장필사본 한국고소설전집 49권, pp.91-93.

모티프들은 여걸형 창작 군담소설 구조를 강화하는데 그 의미가 있다고 보아야 할 것이다. 특히 플롯 주도형 모티프인 이합 모티프에서 많이 나타난다고 할 수 있는데, 전반부는 주인공인 '정성모'가 외적의 침입과 간신의 흉계로서 아버지와 이별한 뒤 적에게 잡혀있던 아버지를 구하고 외적을 물리치는 과정으로 부모와 자식과 만남을 의미하는 이합모티프이고, 작품 후반부에는 '양귀비'의 모함을 받아 남편인 '황태자'와 이별하고 다시 만나는 과정으로 남녀의 이별과 결합을 의미하는 이합모티프라고 할 수 있을 것이다. 이와 같이 이 작품에서의 이합모티프는 전반부·후반부 다르게 나타나지만 사건진행을 이합모티프가 주도함으로서 여걸형 창작군담소설 구조를 강화하고 있다고 할 수 있다. 그리고 보통 다른 작품에서는 플롯 주도형 모티프로서의 이합모티프는 보통 한 개만이 등장하여 작품의 전체적 사건을 이끌어 가는 기능을 하고 있어 단순한 구조가 될 수밖에 없지만, 이 작품에서는 전반부·후반부로 나누어져 이합모티프가 나타남으로서 좀 더 발전된 구조를 보여주고 있다. 그리고 다른 군담소설과는 달리 여성이 주인공인 이 소설은 여성 영웅성을 확보하기 위하여 영웅으로서의 능력을 발휘하는 부분을 두 부분으로 나누어 보여 줌으로서 남성 영웅만큼의 영웅성을 확보하게 해주고 있다.

하지만 이런 이합모티프만이 여걸형 창작군담소설로서의 구조를 강화하고 있는 것은 아니다. 여주인공이 시련을 극복하고 영웅으로서의 면모를 펼쳐 보이기 위해서는 이합모티프 외에 삽입모티프들도 유기적으로 구조와 관련을 지으며 자연스럽게 작품 속에 스며들어 있는 것이 필수적이어야 한다.

이와 같이〈정비전〉의 이합 모티프는 위에서 살펴보았듯이 전체적으로 삽입모티프들과 유기적 관계를 맺으며 여걸형 창작군담소설의 구조를 강화하고 있다.

둘째, 전기적傳奇的 요소를 수용하고 있다.

이 작품에서는 또한 고소설에서 볼 수 있는 전기적 요소를 다수 수용하고 있는데 그것은 꿈모티프와 신물모티프에서 함께 살펴볼 수 있다. 꿈모티프에서는 '정비'의 신이한 탄생과 부친을 구하라는 지시몽指示夢에서 전기적傳奇的인 요소가 다수 등장하고 있고, 신물信物모티프에서는 여주인공이 영웅으로서의 역량을 발전시키는 물건들을 얻는 과정에서 또한 전기적 요소를 수용한 부분이라고 할 수 있을 것이다.

이런 모습은 다른 많은 고소설에서도 보여 주고 있는 부분인데, 이 작품에서 전기적 요소를 수용함으로 가지는 의미는 주인공의 신이함과 영웅적인 성공을 합리화하는데 사용하고 있다는데 있다.

태몽에서 선녀의 화신이라는 주인공을 보여 줌으로서 보통의 여성들이 할 수 없는 부분을 행하는 것 또한 독자들이 인정할 수 있도록 하며, 신물을 가짐으로서 더욱 이런 역량이 확대 발전시키는 서사적 의미가 되는 것이다. 하지만 이런 전기적 요소를 다수 수용하면서 작품의 현실감을 떨어뜨리는 결과를 가져오기도 하고,

많은 작품에서 비슷한 모습의 전기적 요소가 수용됨으로 하여 천편일률적인 모습을 보여준다는 느낌도 들게 한다. 그러나 이런 전기적 요소를 차용함으로서 여성의 영웅적 모습을 강화하는데 더욱 비중이 크게 사용함으로 서사적 의미를 강화하는 중요한 기능을 하고 있다.

〈정비전〉

셋째, 여성독자의 욕구를 충족시키고 있다.

조선 후기 고소설은 남성독자들보다는 여성독자들이 주도하였고, 고소설 또한 여성독자들의 욕구를 많이 수용하였다고 할 수 있다. 이 소설에서도 여성들의 많은 욕구들이 충족되어 나타나고 있는데, 가장 큰 부분은 대부분의 창작군담소설 주인공이 남성인데 비해 이 작품에서는 여자가 주인공으로 바뀌어져 있다는 점이다. 18-19세기에 들어서면서 여성의 자아인식이 확대됨으로 인하여 여성의 지위상승에 대한 욕구는 어느 때보다 높아지고 있었다. 하지만 외부적으로는 아직 중세 봉건적인 질서가 팽배해 있는 사회적 분위기 때문에 여성의 사회적 지위상승은 요원하기만 하였다. 이 때 이런 여성들의 욕구를 충족시켜주는 것이 고소설이었고, 이 작품에서도 이런 모습은 다분히 나타나고 있는 것이다. 그리고 작품 내 여주인공의 활약상을 살펴보면, 남성들을 뛰어 넘는 능력을 보여 줌으로서 여성 독자들의 욕구를 다분히 충족하고 있는 것이다. 하지만 앞에서 살펴본 변신(남장)모티프에서도 보이듯이 여성들의 능력을 여성의 본모습으로 보여주기는 어려운 사회적 현실에 의해 남장이라는 남성을 가장하는 형태가 필요하였다. 그런 까닭으로 이 작품에서는 여성 독자의 욕구를 현실적 제안 안에서 충족하고 있는 서사적 의미가 나타난다.

넷째, 근대적 여성관을 제시하고 있다.

앞에서 살펴본 모티프의 수용양상은 〈정비젼〉의 여걸형 창작군담소설 구조를 강화하기 위하여 유기적으로 연결되어 있다고 할 수 있고 〈정비젼〉의 여걸형 창작군담소설은 무엇보다 근대적 여성관을 제시하고 있다고 할 수 있다. 기존 고소설들의 여인상은 실질적인 자아실현을 위한 생활을 영위한 것이 아니라 사회와 전통이 확립해 놓은 관념적인 생활을 보여주었기에 이러한 오랜 전통 관념을 하루아침에 깨어버릴 수는 없었지만 여성의 의식이 깨어나면서 여성의 자아를 찾는 노력들은 여성 영웅의 모습으로 고소설에 반영되고 있었다.[19] 이런 의식이 반영된 주인공의 행동은 근대적일 수밖에 없는 것이다. 그리고 종래의 남성을 주인공으로 삼은 군담소설이 아닌 여성을 주인공으로 하여 군담소설로서 창작하였다는

---

19) 박미란, 여성영웅소설연구, 전남대 석사논문, 1994, p.61.

자체 또한 근대적이라고 할 수 있다. 〈정비전〉에서의 여주인공의 모습은 남주인공을 보조하는 역할이 아니라 작품의 전면에 여주인공의 영웅적 모습이 나타나는데, 남성에게 종속되어 살아가야 하는 여성의 모습이 아니라 자기 자신에 충실한 근대적 여성의 모습을 제시했다고 할 수 있을 것이다.

다섯째, 권선징악적 구조를 강화시킨다.

이 작품에 나타나는 부정누명 모티프는 고소설에서 많이 나타나는 모습이다. 고소설에서의 여주인공은 부정누명에 의해 시련을 겪고, 결국 그 누명을 벗고 다시 자신의 신분을 회복하는 구조를 가지고 있다. 이 작품에서도 또한 이런 부정누명모티프가 나타나고 있는데 '정비'는 '양귀비'의 모함을 받아 결국 궁에서 쫓겨나고, 이후 시련을 겪은 후 다시 국가와 황실의 위협을 제거한 후 돌아와 모든 부정누명을 벗고 다시 황후의 지위에 오르는 것에서 이를 볼 수 있다. 이런 부정누명모티프는 권선징악적 구조를 강화하는데 그 서사적 의미가 있다고 할 수 있을 것이다. 고소설의 주제는 대체로 인간의 본능적 욕망을 긍정하는 방향으로 구현되고 있다. 하지만 권선징악과 같은 윤리적 덕목을 강조하는 경우도 많은데 이런 권선징악 구조가 강화되는 이유는 독자의 통속적 흥미에 영합하였다고 할 수 있다.[20]

---

20) 김광순, 한국고소설사, 국학자료원, 2001, p.81.

결국 이 소설에서 부정누명 모티프가 가지는 서사적 의미는 이 작품의 권선징악적 구조를 강화하여 고소설에서의 윤리적 덕목을 강조하겠다는데 있다고 할 수 있다.

이 작품의 소설적인 가치에 의미를 두고 모두가 한 번 쯤은 읽어 볼만한 작품이다.

Ⅱ. 〈졍비젼〉 현대어역

주周 천자天子1) 시절에 천하 제 일의 명산, 곤륜산이 있었으니 중국의 맥이 되어 이 산천으로부터 황성이 되었는데 한 쪽은 아주로 이어지고 한 쪽은 양주로 이어졌다. 기이한 봉우리 첩첩이 좌우로 둘러 오색구름이 솟아나며 산에는 기괴한 돌들이 늘려져 그 기운이 한결 같이 진동하여 황하수를 둘러 한양수로 흘러오니 천하제일의 명산이로다.

양주 땅에 한 사람이 있어 성은 정이요 이름은 유, 자는 공족이라. 일찍이 청운에 올라 벼슬이 강노에 처하였다. 청빈한 선비이나 슬하에 일찍 혈육이 없어 매양 좋은 일이 있으면 함께 할 자식 없음을 서로 슬퍼하였다.

하루는 강노 한 꿈을 꾸었더니 옥 같은 선관이 구름을 타고 내려와 강노 앞에 서거늘 살펴보니 옥같이 희고 아름다운 선녀 앉았으니 얼굴은 붉은 복숭아꽃이요 몸에 사향포를 입고 허리에 황검과 인신印信2)을 차고 머리에 칠보단장하고 두 어깨엔 해와 달을 붙였으며 손에는 동검을 쥐고 은은히 앉았으니 그 웅장한 거동에 사람의 안광眼光이 황홀해 지는지라. 선녀 가만히 내려와 강노 부처夫妻 앞에 합장 배례하며 말하기를

"첩은 천상사람으로 상공 슬하에 모시려 왔사오니 어여삐 생각하

---

1) 주천자周天子시절 : 주周나라의 황제가 다스리던 때.
2) 인신印信 : 권력이나 관직을 가리킴.

시옵소서."

　강노 깨워 일어나 보니 꿈이었다. 꿈이 신기하기로 부인에게 소상히 이르니 부인 또한 같은 꿈을 꾼지라. 얼마 후 태기가 있어 열 달이 지나 집안에 기운이 감돌더니 오색 구름이 집안을 두르고 향기 진동하더니 이윽고 옥녀 탄생하니 얼굴은 백옥 같고 그 거동이 비범한지라. 손 가운데 검劍자가 새겨져 있으되 태평성모라 하였거늘 강로 꾸었던 꿈을 생각하여 이름을 성모라 하였다. 성모 점점 자라 칠세에 이르러 시서詩書에 능통하고 말소리 또한 영모하였다. 그러나 부인은 병을 얻어 차츰 병세가 깊어지고 있었다.

　슬프다. 사람의 일은 흥진비래興盡悲來요, 성쇠盛衰가 있나니 부인의 병에 백약을 써보나 효험이 없어 세상을 떠나니 소저의 애통함과 강노의 시름을 이루 측량치 못할 정도라. 선산에 안장한 후 이윽고 성모는 집안의 백 가지 일들을 맡아 혼자 다스리며 부친을 극진히 봉행하며 노비 등을 은혜로 부리니 강노 더욱 사랑하더라. 소저 점점 자라나 십 오세에 이르러 손오孫吳3)의 병서兵書4)와 육도삼략六韜三略5)을 공부하며 월하에 말 타기와 활쏘기를 공부하니 정강로 그 거동을 보고 소저더러 일러 말하기를

---

3) 손오 : 손자와 오자. 손자는 손무孫武, BC545~BC470. 춘추시대의 전략가. 《손자병법》을 지었다. 오자는 오기吳起, BC440~BC381. 전국시대 명장이자 병법가, 또한 정치가. 전국시대를 대표하는 전략전술의 귀재.
4) 병서兵書 : 병법에 관한 책.
5) 육도삼략六韜三略 : 육도와 삼략을 함께 이르는 말. 위서僞書로 알려져 있으나 중국의 대표적 병서 칠종을 가리키는 무경칠서 중 하나.

"여자 되어 여공女工⁶⁾을 공부하지 않고 장수將帥가 하는 공부를 하니 너의 생각을 알지 못하겠다."
하니, 아뢰기를

"옛 당나라 상묵이라는 사람은 비록 여자로되 칼을 잡고 전장에 나가 흉적을 소멸하고 두터운 공을 천추에 전하였는데도 후세 사람들이 그르다 아니하였으니 여자 행실만 하였다가 내 뒤를 어찌 감당하오리까? 또한 소녀 남동생도 없고 부모 뒤를 뉘가 이으리까? 또한 심중에 품은 일도 많사오니 아버님께서는 개념치 마옵소서."
하였다. 정공이 소저 굳은 마음을 아는지라 말리지 못하고 소저가 하는 거동만 보고 짐작만 하시더라.

한편, 이때 황제께서 양귀비의 오라비를 등용하여 매양 규범을 어기고 아래 백성을 도탄에 빠지게 하니 정공이 항상 슬퍼하였다. 일찍이 양경⁷⁾이 매파媒婆⁸⁾를 정공 댁에 보내 청혼을 구하거늘 정공이 허락하지 아니하고 매파를 물리쳤다. 매파 돌아가 그 연고를 고하니 양경이 크게 화를 내며

"내 마땅히 정공 제 스스로 청혼하게 하리라."
하며, 흉계凶計를 생각하더라.

---

6) 여공女工 : 여자로서 익혀야 할 솜씨.
7) 양경 : 양귀비의 오빠.
8) 매파媒婆 : 혼인을 엮어주는 늙은 노파.

이때에 안남국이 반란을 일으켜 국가를 요란하게 하니 황제 크게 놀라 만조백관을 모아 의논하시되 이부상서 양경이 앞으로 나와 아뢰기를

"신 승상 정유는 지모와 지략이 출중하오니 급히 패초牌招9)하옵소서."

하니, 황제 도독으로 제수하시고 언파言破10) 즉일 발송하시더라. 이 때에 정원수 사은에 하례하시고 은검恩劍11)을 잡고 집에 돌아와 소저를 위로하여 말하기를

"나는 불행하게도 전쟁을 만났으니 신하가 되어 어찌 사양하리. 너는 조금도 염려 말고 집안을 다스리며 다시 돌아 올 날을 기다려라."

하였다. 소저 부친 말씀에 슬픔이 측량할 길 없으나 얼굴을 대하여 말하기를

"부친께서도 몸조심하시고12) 위국갈충爲國竭忠하여 쉬이 돌아오소서."

하니, 정원수 소저의 뜻을 아는지라. 다시 개념치 아니하고 서로 이별하며 떠났다.

이전에 양경이 매파를 보내어 전하는 말이

---

9) 패 牌招 : 임금이 승지 등에게 하교하여 신하를 부르던 일.
10) 언파言破 : 말을 마침.
11) 은검恩劍 : 임금이 직접 내려준 칼.
12) 위국갈충爲國竭忠 : 나라를 위하고 임금에게 충성을 다함.

"전장에 가시려하오니 망극한 정이 측량할 길 없거니와 지금의 형세를 어찌 살피지 않으십니까? 지금 허혼許婚13)하오면 황상에게 말씀드려 혼인을 참작할 것이오니 승상은 허혼하소서."

하니, 정원수 분연히 대답하기를

"사람이 남의 신하가 되어 제 일을 모르고 국법을 이같이 조롱하느냐."

하고, 매파를 쫓아 보냈다.

한편, 이때 정원수 소저를 이별 할 때 생전에 돌아와 생면치 못할 줄 아는지라

"네 비록 여자의 몸이나 지모智謀가 유연柔軟14)하니 나를 생각 말고 몸을 보존하여 조상 향화香火15)를 끊어지지 않게 하여라. 천행으로 돌아오기를 기약하자꾸나."

하고, 발정發征16)하였다.

이때 소저 부친을 이별하고 망극한 마음을 이기지 못하여 어떻게 할 줄 모르다가 문득 한 꾀를 내었다. 노복을 불러 대문을 활짝 열어 놓고 사람들 불러 모아 시장터에 알렸다. 그리고는 문 안에 빈소를 차려 놓고 이리저리하라 하고 상식喪式17)을 갖추어서 서로

---

13) 허혼許婚 : 혼인을 허락함.
14) 유연柔軟 : 부드럽고 화평함.
15) 향화香火 : 제사.
16) 발정發征 : 정벌하러 길을 나섬.
17) 상식喪式 : 상례에 치러지는 법식.

서로 곡성哭聲을 발하게 하고 유모와 시비 옥소만 데리고 내당에 들어가 중문을 잠그고 시종일관 비밀로 하도록 하였더니 과연 승상 떠난 뒤 양경이 저의 아들을 데리고 행차하였다. 들어와 보니 여러 사람이 상복을 입고 있어 놀라 묻기를

"이 집은 정강로 댁이 아닌가? 강로 잠간 없다한들 이다지 분주한가?"

하니, 여러 사람이 왈

"정강로 전장에 가시고 집안이 흉흉하기로 십시일반 시종들이 보나이다."

하니, 양경이 말하기를

"강로 비록 전장에 갔사오나 집에 아직 소저가 거주하고 있거든 어찌 감히 시종들이 보고 있나."

한데, 사람들이 천연히 대답하기를

"이 댁 소저 부친 이별하고 의지할 곳이 없어 주야로 원통해 하시다가 수일 전에 이미 돌아가시고 지금은 주인이 없나이다."

하니, 양경이 이 말을 듣고 크게 놀라 안색이 변하며 이르기를

"내 정성, 소망이 쓸데없어졌도다. 그러나 내 진위를 탐문해 보리라."

하고, 시비 등을 불러

"이 댁 소저 언제 별세하였느냐?"

하고, 물으니 시비 등이 울며 왈

강로님 떠난 삼일 만에 소저 주야로 통곡하시다가 우연 득병하여

별세하였으니 어찌 참담한 경황을 말씀 다하리까?"
하며, 슬퍼 통곡하니 양경이 할 수 없어 집으로 돌아가더라. 이때 소저 양경의 거동을 보고 분한 마음을 이기지 못하여 깊이 은신隱身하여 장각章閣에 있는 병서 공부에 더욱 힘쓰더라.

　때는 춘삼월, 태자가 앞서 환자宦子[18] 강문창을 데리고 마침 풍경을 구경하다가 이곳은 강노 집 동산 근처로 마침 바람결에 독서하는 소리 들리거늘 괴이하여 환자를 물리치고 홀로 배회하며 그 소리를 청탐聽貪[19]하다가 담장 가까이 이르렀더니 문득 홍운紅雲이 돌며 몸이 절로 나르더니 강노 정원 안에 어느 새 있는지라. 태자 속으로 신기하게 여기며 좌우를 살펴보니 사랑방에 등촉이 영롱한데 옥 같은 선녀 소복을 입고 촛불에 의지하여 육도삼략六韜三略[20]과 천문도天文圖를 공부하는 그 아리따운 태도와 요조한 거동은 삼천 여인 가운데 으뜸이었다. 태자 놀란 마음에 생각하되
　'내칙편[21], 군자편 등은 여자의 글로서 읽을 만하거늘 여자의 몸이 되어 병서는 실로 괴이하도다.'
하고, 들어가 기웃 거리며 그 거동을 살폈다.
　소저 병서를 다 읽은 후 측은히 탄식하기를

---

18) 환자宦子 : 내시, 환관.
19) 청탐聽貪 : 몰래 훔쳐 들음.
20) 육도삼략六韜三略 : 중국의 오래된 병서兵書. 육도六韜와 삼략三略을 아울러 이르는 말이다.
21) 내칙편 : 내방에 있는 규수로서의 언행을 적은 대목.

"나는 무슨 팔자로서 부모님 두 분 앞에 즐거운 거동을 보이지 못하고 천지가 이 몸에 준 명을 도모하여 순탄한 일상은 어디로 가버리고 이 몸 의지할 데 없는가?"
하고, 팔자를 한탄하며 눈물을 비 오듯 흘렸다.
꽃 같은 볼을 적시며 말하기를
"전장에 가신 부친을 언제나 상볼 할꼬?"
하며,
"내일은 관음사 절에 가서 지성으로 발원하리라."
하고, 시비를 불러 황초 폐백幣帛[22]을 단속시키더라.

이때에 태자 은신하여 소저 거동을 살펴보니 늠름한 거동이 천하 조화를 가졌는지라. 태자 생각하기를
'이는 정강로의 딸이로다. 내 결단코 황상에게 아뢰어 태비太妃로 간택하리라. 그런데 내일은 관음사에 가서 발원한다고 하니 나도 함께 관음사로 가서 소저 행차를 직접 대면하리라."
하고, 즉시 돌아가 유모와 시종을 불러 이리저리하라 지시하였다. 정소저 시비를 데리고 관음사로 행하거늘 태자 또한 여복으로 갈아입고 시비를 데리고 이 날 관음사로 찾아가니 모든 스님들이 합장하며
"소저는 누구 집 행차이온지 알지 못하겠거니와 이런 누지陋地[23]

---

22) 폐백幣帛 : 윗사람 혹은 존경하는 분께 드리는 예물. 혼인 때 신랑이 신부 집에 보내는 예물. 여기서는 절에 가져 갈 초와 쌀 등 보시할 물건.
23) 누지陋地 : 누추한 곳.

에 왕림하셨습니까?"

하니, 시비 답하기를

"주상공 댁 소저인데 부친께서 임지로 가서서 안위安慰를 위하여 발원코자 왔나이다."

하니, 노승이 말하기를

"정강로댁 소저도 부친의 안위를 위하여 왔거니와 소저와 같은 딱한 사연이 있나이다."

하니, 주소저 짐짓 탄식하며 말하기를

"그 소저의 정도가 나와 같도다."

하며, 슬퍼하니 노승이 위로하기를

"주소저와 정소저 다 같이 발원코자 왔다하니 함께 발원함이 좋겠습니다."

하고, 정소저를 보고 주소저의 사연을 설명하고 서로 생면함을 간청하니 정소저 듣고 말하기를

"세상에 또한 나와 같은 사람이 어디 있는가?"

하며,

"나도 딱한 사정을 듣고 서로 보고 슬픈 마음을 위로하고자 합니다."

하였다. 노승이 반기며

"주소저의 사연도 같으니 지성으로 발원하여 소원을 이루소서."

하고, 즉시 불전에 나아가 분향하고 주소저를 청하여 각각 시비를 데리고 좌정 하였다. 잠시 후 주소저 눈을 들어 정소저를 살펴보니

탁월한 풍채와 늠름한 기상이 사람의 정신을 놀라게 하였다.
 주소저 이르기를
"노승의 말씀을 들으니 낭자의 심정이 나와 같습니다.
 부친이 전장에 가서 소식이 적조積阻[24]하옵기로 슬픈 마음을 이기지 못하여 불전에 발원하여 부친을 위로하고자 왔나이다."
하니, 정소저 탄식하며 말하기를
"제 팔자가 기구하여 열 살 전에 모친을 이별하고 다만 부친만 바라고 지냈더니 항명降命[25]이 지중하여 부친은 전장에 가시고 실로 몸이 의지 할 곳이 없사와 불전佛前[26]에 지성으로 발원하와 부친께서 입성立成[27]하여 쉬 돌아오시기를 바라고 있습니다."
하고, 서로 슬픈 정회를 위로하였다. 주소저 같이 앉으면 소저 옥수를 잡고 만난 정회를 설하는 덧 하되 정소저 조금도 싫어하는 거동이 없었다.
 이러구러 황혼이 되어 욕탕沐湯에 목욕하고 불전에 나가 빌기를
"분명 정낭자와 배필이 되게 하시려거든 이 금전이 방중에 내려오소서."
하며, 돈을 던지니 빈 공중에 솟았다가 방 가운데로 떨어졌다. 주생이 신통히 여겨 또 금전을 잡고 축원하며 말하기를

---

24) 적조積阻 : 서로 떨어져 소식이 막힘.
25) 항명降命 : 임금 혹은 윗사람에게 받은 명.
26) 불전佛前 : 부처의 앞.
27) 입성立成 : 뜻을 세워 성공함.

"황상께서 양경의 딸로 간택하였으니 이를 물리칠까 하나이다."
하고, 금전을 던지나 금전이 여러 번 돌다가 문 밖에 내려지는지라. 주소저 신기하게 여기든 차 정소저 또한 다가와 금전을 던지며 축원하기를

"부친께서 전장에 나가 성공하고 쉬이 돌아오시게 하거든 금전이 방중에 나려지소서."
하고, 금전을 던지니 이 금전이 방문 밖으로 내려가는지라. 또 다시 축원하고 재배하여 독축하기를

"이 몸이 비록 여자이오나 어릴 적부터 병서를 공부하였사오니 부친을 위로하려 전장에 나아가 선전善戰하려하시거든 금전이 방중에 내려지소서."
하고, 금전을 던지니 금전이 높이 올랐다가 방중에 내려오는지라.

소저 한편 기뻐하며 독축讀祝[28]하기를

"이후로는 다시 험한 일이 없고 심중에 먹은 마음대로 되게 하시려거든 금전이 방중에 떨어지소서."
하고, 던지니 금전이 다시 방중에 떨어지는지라. 소저 일희일비一喜一悲하여 물러나오니 주소저 이르기를

"동전 축사祝辭는 어떻게 되었습니까? 길흉이 상반 되는 것 같소이다"
하고는 다시 위로하며

---

28) 독축讀祝 : 축원하며 제문 등을 읽거나 소원을 비는 말.

"이는 다 팔자이오니 너무 실망하지 마옵소서.
하니, 정소저 말하길
"우리 피차 함께 하였으니 대강 말씀을 통하게 되었거니와 저는 그렇다하더라도 조금 전에 말씀을 들어보니 부친께서는 만리 전장에 가시고 단 한 몸 의지 할 곳이 막연하오니 가련하고 애연哀憐29)하지 아니하오리까?"
하며, 서로 위로 하더니 한 노승이 마침 들어오시며 말하기를
"정원수 전장에서 패했다는 소식이 왔으니 이 난국이 큰 근심이로다."
하니, 정소저 크게 놀라며 급히 일어나자 따라오는 주소저에게
"저의 부친이 전장에 가 패하여 사생존망을 알지 못하오니 망극한 말씀을 어찌 측량하오리오."
하고, 깊이 탄식하며 이별하니 어찌 슬프지 않으랴.
주소저 이후에 다시 상봉함을 당부하고 서로 집으로 돌아왔다.

이때, 정원수 진영으로 적들이 몰려 이르러 여러 번 싸워 영패零敗30)하였는지라. 적장의 이름은 황톨이 일통골이 만혁돌이 천리충이 네 명은 범 같은 장수라. 아무리 지모가 유연한들 어찌 당하리오. 정원수 삼십 일 만에 약간의 장졸을 거느리고 태양도에 진을 치니 이때, 황제 전장의 보고를 들으시고 크게 놀라며 만조백관을 모아

---

29) 애연哀憐 : 불쌍하고 가련함.
30) 영패零敗 :아주 낭패를 봄.

의논하셨다.

"어떻게 하면 좋겠소. 경들의 의견을 말해 보시오."
하니, 한 젊은 장수 앞으로 나와 아뢰기를

"소장이 비록 재주는 없사오나 적병을 파하고 정유 장수를 구하오리다."

하자, 모두 쳐다보니 이는 주한장군 장원포라. 황제 크게 칭찬하여 말하기를

"즉시 삼만 대병과 용장 백여 명과 백 포환을 내려주고 즉일 발행토록 하라."

하시며, 인검印劍[31]을 주셨다. 원포 장수 하직하고 물러나와 즉일 행진하여 여러 날 만에 적진에 다다르니 적병들이 매복하여 있고 정원수는 이미 태양도에 갇혀 죽음이 임박하였다. 정원수 비록 제갈공명 관우 장비라도 어떻게 할 수 없을 것 같았다.

한편, 이때 정소저 재빨리 집으로 돌아와 마음을 측량치 못하여 어떻게 해야 할지 몰라 마음을 졸이다 잠이 들었다. 잠결에 한 노승이 들어와 이르기를

"지금 국가가 위기에 있고 또한 부친의 명이 경각에 있는 덧 하니 낭자는 급히 가서 구하도록 하라. 말은 낭자 집에 있으나 세속 사람들이 모르고 버려 둔지 오래라. 그 말을 타고 갈 것이며 갑옷과 칼은 낭자 집 땅 속에 묻혀있으니 급히 찾아 대공을 이루도

---

31) 인검印劍 : 임금이 병마를 통솔하는 장수에게 주는 칼 또는 도끼. 명령을 어기는 자는 보고하지 않고 처형할 수 있는 권한도 동시에 주어짐.

록 하소서."

하거늘, 깨어보니 꿈이었다. 신기하게 여겨 종들을 불러 말하기를

"집에 있는 말들을 있는 데로 모아 드려라."

하며, 종들에게 명령하고

"급히 불을 밝혀 차례로 모아드려라."

호령하니, 한 종이 말하기를

"소인이 알기로 마판에 말이 없나이다."

하니, 소저 이르기를

"말이 한 마리도 없느냐."

하니, 종들이 말하기를

"한 마리 있으나 병이 들어 볼 것이 없어 부리지 못한지 여러 해 되었나이다."

하니, 소저 왈

"그러할지라도 끌고 오라."

하니, 종이 즉시 말을 끌고 왔거늘, 보니 거동이 쇠미하여 몸에 똥이 무수히 묻어 있으며 두 눈을 감고 뜨지도 못했다. 이 말은 본디 정강로 청춘 시절에 사신 갔다 오는 길에 완성을 지나갔더니 이 말이 강로님을 보고 크게 소리를 하며 따라 오거늘 그 말을 이끌고 왔더니 점점 자라다가 오래 전에 점점 수척해져 누우면서 움직이지 아니하기로 버려두었다. 이 말이 오늘은 눈을 뜨고 소리하며 소저를 보고 크게 소리하는지라. 또한 두 귀를 쫑긋거리며 두 눈 가운데 불꽃이 흘러, 보는 사람들이 바로 보지도 못하고

두 귀 가운데 푸른 혹까지 솟아나니 비복 등이 놀라더라. 소저 그제야 마음이 허락하여 비복 등으로 하여금 그 말 몸을 씻기고 다시 보니 신장이 구척이요 사족은 뱀 같고 갈퀴는 칠 척이오 몸은 푸르고도 붉으며 등에는 삼태성이 박혀있으며 허리에 붉은 점 칠성이 연이어 박혔거늘 소저 그 거동을 대하여 말하기를

"이 말은 삼태칠성 말이로다."

하고, 목욕재계하여 제문을 갖추고 나무 아래 음식을 진설陳設[32]하여 축문을 읽었다.

"유세차 모년 모월 모일에 소녀 정모는 일월성신께 비나이다. 부친께서 전장에 가셔서 성공과 사생존망을 알지 못하여 매일 축원 하였더니 탑하榻下[33]에 소식이 왔사온데 사생이 경각을 도모하여 위태 하옵고 또한 문중에 일가친척도 없어 다만 내 한 몸뿐이라. 잠간 변복하고 전장에 나가 천행으로 승전하고 나라사직도 받들며 부친을 구하여 평생소원을 풀까하나이다."

하고, 천만 번 축원하였다. 제사를 다 지내고 엎드렸더니 이윽고 일진광풍이 일어나며 뇌성벽력이 진동하더니 사경四更[34] 말末 오경五更 초初에 오목하게 난데없는 반석이 드러나며 금으로 분명이 새겨져 있거늘 가까이 가서 보니 씌어져 있기를 '청하모지탁請下某之坼'[35]이라하였거늘 반석을 열고 보니 과연 황금 갑옷과 투구에

---

32) 진설陳設 : 제사 혹은 잔치 때 상위에 음식을 법도에 따라 차림.
33) 탑하榻下 : 지위가 있거나 존경하는 사람 앞, 임금 앞.
34) 사경四更 : 하룻 밤을 다섯으로 나눈 넷째 부분, 즉 밤 1시에서 3시까지.

칠 척의 창검이 들었거늘 마음이 황홀하여 갑주를 들어보니 두 어깨에 쌍용이 앞뒤로 기운을 통하고 등에 황금의 큰 글자로 씌어져 있으되 '충忠의 집'이라 하였다. 소저 즐거운 마음을 이기지 못하여 갑주와 칼을 가지고 들어와 비복 등을 불러 이르기를

"너희들은 천기를 누설 말라. 내 비록 여자로되 분을 이기지 못하여 이제 부친이 계신 곳을 찾아 가니 사생死生을 알지 못하게 되더라도 부디 누설하지 말고 내 돌아오기를 기다리라."

하고, 그날 바로 발행하니 머리에 황금모를 쓰고 몸에 용인 갑옷을 입고 손에는 칠 척 창검을 잡고 허리에 보조 창을 차고 삼태칠성말 위에 두렷이 앉았으니 그 거동이 늠름하여 천신같았다. 비복 등이 한편 놀라고 한편 만감을 느껴 말을 잇지 못하고 눈물을 흘리며 전송하더라. 소저 말을 놓아 채를 희롱하니 천하 강산이 눈앞에 번개 같이 지나가더라. 즉일 만에 한 곳에 다다르니 여러 사람이 이르기를

"정원수 태양도에 갇혀 사생이 경각에 있고 명장 장원포도 감히 들어가지 못하고 진만 치고 있다."

하거늘, 소저 크게 놀라 바로 원포진에 번개 같이 들어가며 크게 소리하여 왈

"이 진이 뉘 진이라 하는가? 바삐 문을 열라"

하니, 원포 대답하기를

---

35) 청하모지탁請下某之坼 : 이 아래를 아무개가 열어보라.

"대국의 진이거니와 그대는 어떠한 사람이건데 감히 남의 진에 들어오며 묻는가?"

하니, 소저 크게 소리 지르며

"대국의 진을 친 소장께서 어찌 진만 잡고 시절을 보내는고?"

하니, 원포 대답하기를

"그대는 잠시 살펴보라. 저러한 적진에 어찌 가볍게 접전하리요? 적진을 살핀 후에 접전하리라."

한데, 소저 말하기를

"수문장은 급히 진문을 열라."

하니, 원포 진문을 열고 인도하거늘 소저 바로 장대에 올라 원포를 보니 원포 이르기를

"장군은 어디 계시며 이리 급히 들어와 묻습니까?"

하였다. 소저 이르기를

"나는 천하에 무소가객無所佳客[36]이라. 또한 들으니 정원수 패하여 태양도에 생사가 급하다 함에 태양도로가서 적병을 물리치고 천하를 구하고자 왔노라."

한데, 원포 위로하며 말하기를

"장군은 알지 못하였도다. 이제 적진 중에 명장과 장졸이 일천 명이오 군사 백만이라 하오니 대적을 살펴 적병을 맞섬이 옳소이다."

---

36) 무소가객無所佳客 : 일정한 곳에 몸을 담고 있지 않은 나그네.

하니, 소저 이르기를

"장군은 염려 말고 내 뒤를 따르리라."

하고, 북을 울리며 군사들에게 호령하니 고함소리 천지진동하고 기치旗幟37)와 창검은 해와 달을 가리었다.

이때 일통골의 진문으로 제비 같이 날렵하게 긴 창을 치켜들고 한 장수 문득 진에 급히 들어오는 것을 보고 크게 소리하기를

"대국 병사들은 진실로 어린아이로다."

하고, 적은 군사를 조롱하여 말하기를

"진을 단속하라."

하고, 일통골이 전장 출마하여 크게 웃으며 말하기를

"너는 어떠한 장수관되 내 진을 감히 침노하는가?"

하니, 원포 대답하기를

"우리는 대국 구난병救難兵38)이로다. 너희들은 천명을 거역하고 한갓 강포함만을 믿고 천하를 요란하게 하기로 내 천명을 받자와 너희 등을 쉬 멸하고자 왔으니 너희는 속히 나와 명을 받아라."

한데, 통골이 크게 성을 내며 왼쪽 팔에 창을 끼고 오른 손에 구척 창검을 들고 진문 밖에 나서며 크게 소리 지르며

"너희 들은 청춘소년이라 전쟁에 오기 두렵지 아니하거든 이 칼을 받아라."

하며, 호통하니 소저 그 거동을 보다가 크게 분개하며 맞이하여

---

37) 기치旗幟 : 군대용 깃발.
38) 구난병救難兵 : 난을 다스리는 군대.

나아가 기운을 기염氣焰[39]하니 그 용맹은 춘삼월 제비 같고 엄숙한 거동 심산에 맹호 같더라. 소저 기운을 가다듬어 다하지 못하여 필전하더니 일통골이 호통을 벽력같이 지르며 장창을 놀리니 소저 투구가 말 아래 떨어지는지라. 소저 대경하여 정신을 수습치 못하다가 기운을 돋우어 칼을 날려 통골을 치니 통골의 투구 말 아래 떨어지는지라. 통골이 얼굴색이 변하며 공중으로 솟아올라 본진으로 돌아가는지라. 소저는 진중에서 배회하다 날이 저물어 돌아왔다.

이때 청운도사 적진 중에 있어 그 조화가 무궁한 것을 본지라.

청운도사는 일찍 청운산에 머물렀더니 일통골이 청운도사가 범상한 사람이 아님을 알고 찾아왔더라. 도사 기특히 여겨 육도삼략과 천문지리를 가르치니 재주가 무궁하였다.

하루는 통골이 도사에게 이르기를

"시절이 요란한 것 같으니 이젠 전장에 나아가 공명을 이룰까합니다."

하니, 도사 만류하며

"아직 천시天時가 멀었으니 그대는 때를 기다리라."

하였다. 일통골이 듣지 아니하거늘 도사 탄식하였으나 또한 제자의 신변을 저버리지 못하여 함께 따라가게 되었으니 이 날 양 진영의 싸움을 보고 통골에게 따로 이르기를

---

[39] 기염氣焰 : 불꽃처럼 대단한 기세.

"너는 돌아갈 뜻이 없느냐?"

하며,

"하늘이 너 같은 장수를 내심에 반드시 때가 있느니라. 잔말 말고 나와 함께 입산하여 천시를 기다려 출정하명出征下命[40]을 좇음이 옳도다. 내 너를 따라와 양진을 구경한 것은 내 너를 위하여 왔더니 내 말을 듣지 아니하니 절통하도다. 진중을 살펴보니 천산 옥녀 정기가 진중에 들어있고 삼태성웅이 내려와 있음에 심히 놀라웠다. 오늘 그 장수를 살펴보니 인간 사람이 아니고 그 장수가 탄 말은 천축산 신령이 수 년 전에 안 보인다하였더니 정녕 신령이 화하여 말이 되었노라. 그 갑주와 칼은 하늘이 내신 것이라 너는 부질없이 기운을 허비 말고 나와 청운산에 돌아 가도록 하라."

하니, 일통골이 대노大怒하여 말하기를

"선생은 근심치 마시고 내일 싸움을 구경하옵소서. 만일 싸워 승부를 결단하지 못하거든 함께 가사이다."

하였다. 도사 말하기를

"그렇다면 내일 출전하면 평생 용맹을 다하여 그 장수를 가벼이 보지 말고 좌우 적장을 경적치 말고 싸우다가 온당치 아니해 지거든 급히 돌아오라. 만일 어길 시에는 나를 다시 보지 못하리라."

하고, 백번 당부하였다. 이때 정 소저가 본진으로 돌아와 일통골의 용맹을 칭찬하며 말하기를

---

40) 출정하명出征下命 : 싸움터에 나가라는 명령

"내일은 사생을 결단하여 국정을 도우고 원수를 갚으리라."

하고, 날이 밝아지자 소저 대장기를 진문 밖에 세우고 진중에 나서며 재주를 비양飛揚[41])하니 늠름한 거동 단단한 기상은 천상의 선관이 하강 한 덧 하더라.

일통골이 진군에 분부하기를

"오늘 싸움은 승부를 결단할 것이니 비록 날이 저물더라도 징을 쳐 군사를 거두지 말고 진지를 굳게 지키도록 하라."

하고, 단속시키고 진문 밖에 나서며 크게 소리를 지르며

"어제 싸우든 장수 빨리 나와 서로 겨루어 승부를 결단하자."

하는데, 그 소리 천지를 진동시키더라. 소저 섬섬옥수로 칠 척 창검을 높이 들고 백호 갑옷을 입고 말을 재촉하여 우레 같은 소리로 벽력같이 지르며 크게 꾸짖어 이르기를

"너는 오랑캐라. 천리를 거스르고 감히 침범하기로 내 천명을 바쳐 네 목숨을 베어 천하 백성을 안전하게하리라."

하고, 적진에 행행하니 통골이 대답하기를

"뉘라서 저러한 것을 장수라 하리오. 너 소리를 들으니 진실로 여자의 속성이로다."

하며,

"신여愼餘[42])한 태도와 미성한 청춘이 아깝도다."

하고, 말을 마치자 칼을 두르며 달려들어 접전하여 소저 몸을 치니

---

41) 비양飛揚 : 나는 덧하며 의기양양함.
42) 신여愼餘 : 진중하며 넉넉함.

투구가 말 아래 떨어지는지라 소저 크게 놀라 몸을 공중으로 솟아오르며 칼을 들어 일통골을 치니 투구가 말 아래 떨어졌다. 통골이 황급하여 소리를 지르며 번개같이 달려드니 그 날랜 용맹은 비할 데가 없었다. 이러한 때 소저 두 어깨에 갑자기 쌍용의 기운을 통하며 제비 같은 오추마⁴³⁾가 푸른 안개 자욱한데 적진 장졸 둘러치니 도사 장대에서 보다가 대경하여 대장 기치를 휘두르며 일통골을 부르니 통골이 용맹만 믿고 의기양양하더라. 이윽고 안개 자욱하니 통골이 앞뒤를 분별치 못하고 정신을 잃으니 그제야 도사 하던 말씀을 생각하고 말머리를 돌려 본진으로 행하거늘 소저 적장을 급히 따라 크게 소리치며 왈

"적장은 가지 말고 내 칼을 받아라."

하고, 칼을 던지니 섬광이 빛나며 통골이 머리 땅에 떨어지거늘 소저 통골 머리를 칼끝에 꿰어 들고 좌충우돌하며 행행하니 적진 장졸이 황황 분주하더라.

이때 청운 도사 통골의 죽음을 보고 탄식하더라. 도사 구름을 타고 청운산으로 향하는지라. 소저의 거동을 보고 칭찬을 마지아니하였다.

소저 기운이 싱싱하여 칼을 들고 춤추며 생각하되 '실로 기이한 명장이로다' 하고 본진으로 돌아오는데 문득 적진 중에 방고 일성하며 한 장수 내닫거늘 돌아보니 신장이 구척이요 얼굴은 먹장 같고

---

43) 오추마烏騅馬 : 검은 털에 흰 털이 섞인 말. 옛날 중국의 항우가 탔다는 준마.

호통소리는 천지진동하더라. 양진 장졸이 정신이 황홀하고 눈을 들어 제대로 보지 못하였다. 소저 바라보니 의기양양하여 바로 일러 내달아 싸움을 돋우는데 적장이 이르기를

"소장은 천하명장 만학돌이라. 이런 아이야, 내 성명을 듣지 못하였느냐?"

하며, 왼손에는 황검을 오른 손에는 창을 두르며 맞아 싸우니 흑백지신이 밤을 다투는 덧 쌍용이 여의주를 다투는 덧 사선이 일어나며 안개 자욱하여 지천을 분별치 못할 정도였다. 소저 몸을 솟구쳐 칼로 학돌을 막으며 오르니, 만학돌이 또한 몸을 솟구치며 들어오는 칼을 막으며 공중으로 올라 창으로 소저를 찔러 소저 말 아래로 몸이 기우뚱 하였다. 이때 소저 탄 말이 앞발로 소저를 받아 올리거늘 소저 정신을 수습하여 다시 호통하며 달려들어 싸우니 소저가 탄 말이 소리를 지르며 앞발로 적장의 가슴을 치니 적장이 질식하여 땅에 엎어지거늘 소저 칼을 날려 만학돌이 머리를 베어 들고 의기양양하니 적진 장졸들이 어떻게 할 줄을 모르더라. 또 적진 장수 천리충의 용맹이 유연하고 조화 무궁하라. 이때 진영에 분부하기를

"적의 장수는 범상한 장수가 아니다. 내 그 장수의 용맹을 살펴보니 그 얼굴이 비상하고 그 말은 적토마[44]에 비할 것이라. 아무리

---

44) 적토마赤兔馬 : 중국 삼국 시대에 관우가 탔었다는 준마의 이름. 매우 빠른 말을 이르는 말. 본래 동탁의 말이었으나 다시 여포에게 다시 관우에게 옮겨갔다. 관우가 손권(孫權)에게 체포되어 처형된 후에는 마충馬忠에게 주어졌으나, 사료를 일체 먹지 않고 굶어죽음으로써 주인의 뒤를 따랐다는 일화가 있다.

력발산기개세力拔山氣蓋世45)라도 그 장수는 잡지 못할 것이니 내 하는 대로 하라."

하고,

"그 상을 보니 분명한 기상이라 내일 싸움을 결단할 것이니 염려 말라."

하더라. 소저 말 위에 초연히 앉아 동으로 가는 덧 하더니 서쪽의 장수를 베고 남으로 가는 덧 북쪽의 장수를 베고 마치 사람과 경계가 없는 것 같이 임의로 행하며 크게 소리 질러

"적 진중에 뉘 능히 나를 당할 자 있거든 빨리 나와 칼을 받아라."

하니, 그 소리 우렁차 청산 백옥이 부딪히는 덧 하며 여러 번 나아가되 적진 중에 감히 출전하는 자 없더라.

이때 일락서산日落西山46)하고 월출동령月出東嶺47)함에 본진으로 돌아오니 모든 장졸과 원포가 치하致賀48) 분분하더라.

다음 날 해가 밝아짐에 적장 천리충이 음양 팔개 진법을 치고 주작현무朱雀玄武49)와 청룡 백호로 십이신장十二神將50)을 용신하여

---

45) 역발산기개세力拔山氣蓋世 : 힘은 산을 뽑을 만큼 매우 세고 기개는 세상을 덮을 만큼 웅대함을 이르는 말. 항우가 해하垓下에서 한漢나라 군사에게 포위되었을 때 읊었다는 시의 한 구절이다.
46) 일락서산日落西山 : 해가 서산으로 넘어감.
47) 월출동령月出東嶺 : 달이 동쪽 언덕에 솟음.
48) 치하致賀 : 남이 한 일에 칭찬함.
49) 주작현무朱雀玄武 : 남쪽과 북쪽을 지키는 신령스러운 동물. 붉은 봉황이나 거북 혹은 뱀을 상징.
50) 십이신장十二神將 : 동서남북 방위를 맡아 다스리는 신장,

둔신둔갑주[51]를 입고 왼손에 삼척의 검을 들고 오른 손에는 자미성紫微星[52] 창을 잡고 황마에 올라 진문을 크게 열어 진 밖에 나서며 소리 지르기를

"어제 승부하던 장수 뉘냐? 빨리 나와 내 칼을 받아라."

하는 소리, 한수漢水[53]가 뒤집히고 촉산이 무너지는 덧 하더라. 소저 견주며 소리 질러 왈

"이러한 놈을 어찌 살려 두리요."

하며, 칼을 들고 나서자 천리충이 내달아 함께 싸우니 두 장수의 칼날은 공중에 번개 같이 번득이며 말굽은 분분하여 두 장수 고전하는데 양진 장졸이 모두 바라

보니 팔십 여 합에 천리충이 가만히 십이신장과 청용백호며 주작현무와 육경육갑을 불러 왼쪽을 엄호하고 몸을 날려 제비 같이 공중으로 올라 무슨 소리 하니 십이신장이 뒤를 쫓아 들어오고 육경육갑은 앞을 막으며 주작현무는 동서남북으로 침노하여 사람 정신을 해이케 하니 소저 크게 놀라 말머리를 돌려 본진으로 가고자 하되 능히 갈 수가 없고 검은 구름이 촌척寸尺[54]을 가려 눈을 뜨지 못하고 속절 없이 죽을 것 같았다. 정신을 가다듬어 칼을 앞으로 후리치며 생각하되 '부친을 다시 보지 못하고 또한 내 몸이 남자와

---

51) 둔신둔갑주 : 몸을 변신하게 하는 갑옷과 투구.
52) 자미성紫微星 : 큰곰자리 부근에 있는 별의 이름.
53) 한수漢水 : 양자강揚子江의 지류. 섬서성陝西省에서 발원, 샹양을 거쳐 후베이성湖北省을 관통.
54) 촌척寸尺 : 지극히 짧은 거리.

다른지라 죽는다 하여도 분하고 절통한 말 어찌 다하리오.' 하며 하늘을 우러러 탄식하자 소저 탄 말이 그 말을 알아들었는지 소리를 크게 지르며 두 발로 땅을 두드리며 사방으로 뛰더니 두 귀를 쫑긋 하며 소리를 지르니 갑자기 천지진동하고 청용백호에 십이신장과 육갑육경이며 주작현무 이 소리를 듣고 일시에 흩어지는지라. 그 말이 그제야 번개같이 달려들어 적장이 탄 말을 물어뜯으니 적장의 말이 앞으로 엎어지거늘 천리충이 정신이 아득하여 미처 수족을 놀리지 못하는지라. 그때 칼을 들어 적장을 치고자 절호에 소저 정신을 진정하여 일순에 광음을 쏟아 내는 것 같은지라. 이로 인하여 일진 강풍이 일어나며 운무 자욱하더니 구척의 장신이 칼을 잡고 통곡하며 공중으로 오르니 가득히 운무 속에 없어지는지라. 소저 기이하게 여기며 재주를 칭찬하였다. 소저 진중에 횡횡하니 성성한 허리는 봄바람에 가는 버들가지요 요요한 얼굴은 아침의 이슬 먹은 모란화 같았다. 적진 장졸이 대경하여 어떻게 할 줄을 모르더라. 소저 호통하는 한 목소리에 신명을 항복받고 장대에 높이 앉아 군사를 호령하고 대군을 몰아 승전고를 올리며 의기양양하더라.

　한편, 이때에 적장 황톨이 십만 대병을 거느리고 태양도에 정원수를 첩첩이 에워싸고 황군을 무수히 위협하는데 문득 한 군사 고하기를

　"출처 없는 장수 들어와 천리충이 패하였으며 천리충이 만학돌이 일통골이 그 삼장수를 순식간에 치고 대군을 항복받고 그 기세를

떨치고 있다 하오니 급히 막으소서."

하였거늘, 황톨이 듣고 대경하여 삼태진을 친 머리에 황금 투구를 쓰고 멀리 바라보니 안국 장졸은 간 데 없고 대국 장졸만 가득하거늘 황톨이 즉시 격서를 접하고 힘차게 나서니 신장이 팔 척이요 몸은 단산의 맹호같더라. 소저는 그 소리 웅장하여 땅이 꺼지는 듯 함을 느꼈다. 정원수 선봉이 되어 오다가 분연 크게 소리 지르며 이르기를

"무도한 적장은 들으라. 이리 어린 장졸을 씨 없이 다 죽였으니 너는 무슨 얼굴로 감히 나를 당적當敵하려하느냐? 부질없이 죽음을 쫓지 말고 일찍 나와 항복하라."

하고, 맞아 싸우니 수합이 못 되어 황톨의 칼이 공중에 빛나며 원포 머리가 공중에 떨어지는지라. 이때 소저 아군에 있다가 원포 죽음을 보고 대경 질색하여 급히 호통을 치며 말하기를

"하늘같은 대장수를 죽이는가?"

하고, 성성이 몸을 세우고 나서거늘 황톨이 바라보니 얼굴이 설산 백옥 같고 말소리는 심산 중에 연화 같았다. 양진 장졸이 보라보니 미간에 천지조화를 품은 덧하고 거동이 천상선녀 같았다. 황톨이 보고 웃으며 말하기를

"너를 보니 아직 청춘 소녀라 전쟁에서 죽기는 아깝도다. 응급결에 들어 왔으되 단지 화를 부르는 것이니 방종하지 말고 몸을 잘 보전하라. 일부러 목숨을 헛되이 말라."

하니. 소저 이 말을 듣고 대로하여 칼춤을 추는 덧 달려들어 접전하

니 황톨이 맞아 싸워 십여 합에 소저 용맹은 맹호 같고 황톨의 기운은 비룡 같아 적수로 막상막하라. 수십 여 합에 승부를 결단치 못 하는데 황톨의 기운은 더욱 성성하였다. 또한 날이 이미 저물어 황혼이 되어 소저가 묘한 꾀를 생각하고 짐짓 달아나더니 황톨이 급히 따라오는지라. 소저 보다가 철장으로 유인하여 빗장으로 막아 버리니 황톨이 미처 어떻게 하지 못하고 말 아래 떨어지거늘 소저 마음 더욱 쾌하여 바로 적진으로 내달려 들어가 좌충우돌하니 뉘 능히 당하리오. 적진 장졸이 황황하여 달려와 항복하는지라 소저 창을 두르며 진군을 부르니 군사 승승하며 들어오니 웅장한 거동이 비할 데 없더라. 소저 진중에 분부하여 말하기를

"안국 장졸을 잡아 대령하라."

하니, 진군이 일시에 결박하여 들이거늘, 천하 호령하듯 말하기를

"너희 놈을 다 죽일 것이로되 살려 보내니 차후는 침범 할 뜻을 가지지 말라."

한데, 양진 장졸이 거듭 치하致賀하더라.

이때에 소저 본국 장졸을 데리고 고향으로 돌아올 때 차례로 공상을 치하하고 승전고를 울리니 그 엄숙한 거동이 천지진동하는지라.

이때에 안국 진군은 돌아가 황제에게 고하기를

"장하고 두렵더니 대국군 한 명이 본국 명장들을 순식간에 베이고 만군 중에 으뜸이라. 그 용맹은 끝이 없더이다. 만일 본국으로 들어오면 안국에 씨도 남지 아니 할 것이니 급히 도망하옵소서."

하니, 안남국 황제와 만조 제신들이 이 말을 듣고 황황분주하여 어떻게 할 줄을 모르더라.

이때에 군사 장공철이 앞으로 나와 아뢰기를

"국가 이미 불행하여졌으니 만일 드디 일을 진행하면 화를 당할 것이니 수이 항서降書55)를 가지고 항복하사이다."

한데, 안남국 황제 할 수 없어 만조백관을 거느리고 멀리까지 나와 후히 대우하더라.

이때, 정원수 여러 달 적진 중에 있어 명이 경각에 있었더니 안남국 황제 항복했다는 소식을 듣고 마음이 즐거워 이르기를

"이제 이 사람 고향에 돌아가 우리 황상을 뵈옵고 조상 향화를 받들고 정녕 그리던 자식을 보겠도다."

하는데, 밖에 한 장수 찾아와 원수를 기다리더라. 나와 보니 소년이 대하며 앞에 와 재배하고 뵙거늘 정원수 백수白首 풍진風塵에 눈물을 흘리며 슬퍼하며 소년에게 이르기를

"소장은 재주 용렬하여 대공을 이루지 못하고 또한 황상을 생각하니 어찌 한심치 아니하며 생전에 고향 돌아가지 못하고 이 땅에 죽음을 면치 못하게 되었더니 천만으로 장군의 구조함을 입어 종명終命56)을 보존하여 본국에 돌아가 부모와 자식을 상봉하게 하니 그 은혜를 어찌 만분의 일이나마 갚으리오."

하며, 양 볼에 흐르는 눈물을 그치지 못하거늘 소저 그 말씀을

---

55) 항서降書 : 항복한다는 서신.
56) 종명終命 : 남은 수명.

듣고 일희일비하여 좌우를 물리치고 붙들고 대성통곡하며 말하기를

"여식 정모는 부친의 위급함을 듣고 잠간 남자 되어 적진을 진정시키고 그 간에 그리던 부친 일시도 그냥 있을 수 없어 불초하나마 부친을 위하고자 하였사오니 부친은 안심하옵소서."
하고, 소저도 눈물을 금치 못함이 그지없으니 정원수 그 말을 듣고 대경 질색하여 한참 말을 못하다가 정신을 진정하여 다시 보니 비록 남자 의복으로 환역換易하였으나 얼굴이 분명한지라. 그제야 손을 잡고 즐거워 다시 대성통곡하며

"이것이 꿈이냐 생시냐 죽어 저승에 왔느냐 살아 육신이 왔느냐 꿈이거든 깨지 말고 생시거든 함께 가자."
하며, 백수白鬚에 흐르는 눈물을 금치 못하더라. 정원수 이르기를

"너 그간 조상 향화를 어찌 하였으며 네 어디 가서 말과 갑주와 칼은 어디 가서 얻었으며 화급함을 구제하고 국가 사직을 안보케하니 실로 꿈같은지라 어찌 장하지 아니하랴. 나는 시운이 불길하여 적진에 잡혀 이곳에서 죽기만 바라고 주야 슬퍼하며 너 또한 모친을 여이고 다만 애비만 믿고 자라다가 내 또한 이리와 너를 생각하니 분명 죽었으리라하고 더욱 비참하였더니 마침 하늘이 지시하여 이렇게 부녀 상봉하게 하니 이는 죽어도 무슨 한이 있으리오."
하고, 밤이 다하도록 서로 참았던 말을 설화하니 동방이 이미 밝아왔다.

소저 부친께 하직하고 자취를 감추고 갈 길을 재촉하였다.

한편, 황제 정유를 전장에 보내고 소식을 듣지 못하였더니 뜻밖에 원포 무장의 승전한 첩서를 올리거늘 황제 기뻐하며 묻자 이탁한이 읽기를

"원수 정유는 백배 돈수하고 황제 탑하에 올립니다. 도적의 간계에 빠져 위급하였기로 완조 선봉장으로 삼아 접전하다가 원포가 도적들에게 죽사옵고 출처 없는 소년 대장이 필마단신匹馬短身[57])으로 들어와 안국 명장 네 명을 죽여 항복받았으되 성명을 내세우지 아니하고 간 곳을 모르는데 소장 승전하온 뒤에 안국 백성 진무하고 회군하였기로 아뢰나이다."

하니, 황제와 제신들 듣고 즐거워함을 마지아니하더라.

이때에 상이 원포의 군장을 불러 묻기를

"그 장수 용맹은 어떠하더냐?"

하니, 군장이 아뢰기를

"그 장수 용맹은 천하에 범 같은 장수로 대전對戰에 임하여 순식간에 한 칼로 베어 들고 억만 군중에 무인지경 같이 행행하드니 인하여 간 곳이 없으니 이는 반드시 천상의 사람이요 인간 사람이 아니로소이다."

한데, 황제 말을 들으시고 칭찬하시며 즉일 대연에서 설파하고 천리의 장수들 차례로 치하할 때 상이 친히 잔을 들어 설하시니 그 위엄이 측량할 길 없더라.

---

57) 匹馬單身 : 한 필의 말에 홀몸.

한편, 이때 태자 소저를 이별하고 마음에 잊지 못하더니 마침 원수 승전하여 돌아 온 것을 아시고 기뻐하여 가만히 편지를 써서 소저에게 보내려고 신여를 불러 분부하되 정소저에게 보내게 하였는데 신여 전지를 가지고 정강로댁에 들어가니 소저 전장에 갔다 온 후로 옛일을 생각하니 마음이 울적하여 심사 둘 데 없는지라 마침 주소저 전지 왔거늘 떼어 보니

'관음사에서 그대 성과 이름을 알고 관포지교의 심회를 다하지 못하고 이별한 것이 지금 까지 일 년여이니 금번 승전한 보고서에 그대 부친이 도적을 잡고 백성을 건졌다 하오니 이는 극히 다행이요 그대 큰 복이로다. 다시 만나 그리던 정을 설화코져 하오니 지난날의 회포를 기대하며 귀댁은 집안이 조용하고 외인 출입이 안이하니 그 곳으로 가서 다시 만나 정회를 설하고자 하나이다."

하였더라. 소저 급히 답하여 보내는지라. 이때에 태자 회답을 받아 보니 이르기를

"소저 돈수하고 소저께 글을 올리나이다. 관음사 전의 회포를 잊지 못하는 것은 한마음이라. 성은으로 승전하였다고 말씀하오니 기쁘기 한량이 없사오나 형제 잠간 누구에게 뜨이기 곤란한 몸이라 말씀드리노니 여전히 출입이 실로 난처하옵니다. 형제는 깊이 생각 하옵소서.'

하였거늘, 태자 밤이 되도록 기다려 삼경 후에 신여를 데리고 여복으로 갈아입고 강노댁에 갔더니 정소저 그 소식을 듣고 문밖에 나와 맞아 서로 안고 옥수를 잡고 반기며 내궁으로 들어가 정을

설화하니 그윽한 정을 어찌 다 말하리오. 밤은 깊고 인적은 고요한데 소저 둘이 앉아 고금을 설화하며 못내 여여하더라. 주소저 눈을 들어 정소저를 보니 옥과 눈처럼 희고 황용이 구름 중에 반달 같아 갈수록 새 향이 절로 나는 듯, 태자 소저에게 그윽하게 수작하다가 태자 탐탐한 춘흥을 이기지 못하여 밤이 다하도록 서로 이야기를 주고받다가 태자 소저를 보고 비방하여 말하기를

"어찌 화목을 도모하지 아니하고 이다지 송구하게 하나이까?"

소저 답하기를

"부친께서 전장에 가시고 소식이 두절되오니 무슨 즐거함이 있어 화목을 임의로 희락하리오."

하며, 얼굴이 변하니 그 거동이 설중에 깨어난 꽃이 아침 이슬을 먹은 덧 하더라. 정소저 매양 주소저 뜻하는 대로 함을 꺼렸으나 두 소저 여러 날 함께 거처하며 침숙寢宿58)하니 정이 점점 깊이 더욱 같아지며 말이 없고 형제 같이 서로 사랑하니 정소저 그제야 말씀을 낱낱이 설화하니 태자 이 말에 마음이 편안하여 여러 날 동숙하며 정은 점점 깊어져 가는데 다시 저녁에 만남을 고하였다.

주소저 말하기를

"내 여러 날 유숙하니 미안하여이다."

하니, 정소저 대답하기를

"형제 무슨 말씀을 하나이까. 제 집 비록 가난하오나 부족한

---

58) 침숙寢宿 : 침소와 잠자리를 함께 함.

입사오리까?"

하며,

"도로 가져가소서."

하고, 받지 아니하니 태자 더욱 기특히 여겨 상자에 간수하고 이날 태자 소저를 더 사랑하여 이미 밤이 됨에 각각 침석으로 돌아갔다. 이때는 춘삼월이라. 월색은 명랑明朗한데 풍경소리 분명하여 사람의 정신을 시시로 간하는지라. 이때 정소저 백설 같은 몸이 금시에 들어나고 요조한 태도는 월색을 조롱하는지라. 주소저 몰래 정소저 곁에 앉아 얼굴을 만지며 몸을 한데 데여 희롱하니 정소저 잠결에 깨어 옥음玉音을 열어 말하기를

"형제 나를 이다지 사랑하니 여자 행실이 아니니 원컨대 침실로 가소서."

하고, 살을 덮으니 태자 웃으며 왈

"나는 여자가 아니라 곧 태자로다. 그대 덕행이 극히 밝은 지모와 백가지 태도 또한 으뜸이라 소문이 낭낭하기로 내 마음이 가득하여 잠간 잊었거니와 사방에 부귀 무궁할 것이요 전장에 가신 부친도 쉬 만나게 될 것이고 양경의 원수도 갚을 것이니 조금도 마음을 회피하지 마소서."

한데, 소저 이 말을 듣고 얼굴이 붉어지며 오래 말을 못하다가 정신을 진정하여 안색을 변하며 말하기를

"내 비록 여자의 몸이나 조그만 꾀에 빠져 이러한 욕을 당하니 분한 마음을 측량할 수 없거니와 세상에 용납하지 못할 몸이 되었으

니 이런 분함을 어디 가서 설파하리오."
하고, 지엄한 모습이었다. 태자 위로 하며
"이미 천정天定이 되었으니 너무 슬퍼 마소서."
하며, 위로하였다.

한편, 이때 태자 시비를 불러 태자 의상으로 다시 갈아입자 훤한 달덩이 같은 풍채는 사람의 안광이 놀라울 지경이라. 정소저 고개를 숙이고 분함이 줄지 아니하니 태자 마음이 민망하여 위로하기를
"낭자는 어찌 분함을 이같이 하느뇨. 내말을 단단 들으소서. 이제 다른 곳에 정혼한 바 없고 또한 태비 되면 장차 소원을 이룰 것이요 또한 양경에 원수도 갚을 것이요 전장에 가신 부친도 수이 만나도록 하올테니 여자 되어 이만 기쁜 일이 어디 있으리오."
하며, 만 마디로 위로하니 정소저 생각하니 심신에 아무생각도 나지 않는지라. 다시 대하여 말하기를
"태자는 국가의 근본이라 일시에 간사한 꾀를 내어 나를 여시장화如是墻華59) 대접하시니 어찌 분함이 없으리오. 또한 수중에 처자 몸이 되어 이런 욕을 당하고 살기를 바라리오. 또한 무슨 면목으로 태자 모시기를 바라리까."
하며, 분한 마음을 풀지 아니하거늘 태자 위로하며 말하기를
"과도히 슬퍼하면 사람이 상하니 부디 안심하옵소서."
하고, 곤포袞袍 의상과 칠보단장 차비할 물건을 드리며 입기를 고한

---

59) 여시장화如是墻華 : 담장 넘어 핀 꽃

하심이 비할 데 없더라. 이윽고 백관이 만세를 부르더라. 황제 거동을 보고 크게 칭찬하니 양귀비는 마음이 앙앙하며 내칠 뜻을 두었다. 이후로 왕비는 양귀비를 대접하고 태자비를 사랑하기를 비할 데 없더라.

이때에 정비가 태자에게 고하기를

"만일 부친이 오시면 양경이 모해를 할 것이니 이것이 염려되나이다."

하니,

"그것은 조금도 근심치 마옵소서."

하더라.

한편, 양경이 생각하기를

'정유 딸이 죽었다 하더니 천만인의 위에 있는 태자비가 되었으니 어찌 두렵지 아니하리오. 우리는 필경에 정비 손에 죽을 것이니 실로 분하고 한심치 아니한가.'

한데, 양경의 아들이 대답하기를

"일찍 도망해야겠습니다."

하고, 양귀비와 더불어 모해하기를 의논하였다.

정소저 태비 된지 삼십일 만에 잉태하였는지라. 양귀비 생각하되 '만일 황손을 낳게 되면 사랑이 더욱 중할 것이니 내 태비를 치사致死[60] 하리라.' 하더라.

---

60) 치사致死 : 죽음에 이르게 함.

이때에 양귀비 황용단 한 필을 가지고 정비궁으로 들어가 이르기를

"황제께 드릴 용포를 지어라."

하시고,

"내 솜씨가 넉넉지 못해 가져왔으니 일없다 마소서."

하니, 정비 대답하기를

"하교하신 대로 하오리다."

하고, 즉시 용포를 짓더라. 양귀비 돌아와 그 딸 비연공주를 기다리며 앉아 있었더니 마침 비연이 태자궁으로 부터 나오거늘 양귀비 직접 묻기를

"정비 무엇 하더냐?"

하니, 비연이 대답하기를

"용포를 짓고 계십니다."

하니, 양귀비 말하기를

"태자 아직 용포가 쓸데없거늘 용포를 짓는 뜻은 알 수 없다. 설마 다른 뜻을 두는 건가?"

하되, 황제 이 말을 들으시고 지엄하니 양귀비 이르기를

"환관으로 하여금 태자를 불러라."

하시니, 양귀비 짐짓 말리며 말하기를

"이 일을 성사하오면 태자에게 큰일이 될 수도 있으니 뒤를 살피소서. 그리하면 부자간에 어찌 장유유서長幼有序[61] 하오리까?"

하며, 또 말하기를

"태자 천성이 후덕하더니 일전에 태비를 맞이한 후로 점점 변하시니 무슨 일인가 싶습니다만 뒤를 보아 참으소서."

하니, 황제 양귀비 소견을 칭찬하시고 더욱 사랑하시더라.

이후로 황제 태자와 정비를 대하는 안색이 좋지 아니하시니 태자와 정비 황공해 하더라. 정비는 이런 줄도 모르고 용포를 지어 전하께 올리라 하고 시녀에게 이르기를

"신첩에게 용포를 지어라 허락하셨으니 황공무지한 마음을 전하도록 하라."

하며, 정비의 말씀을 전달하니 상이 들으시고 용포를 소각하셨다.

이때에 정비 이 소식을 듣고 크게 근심하더라. 하루는 황상이 비빈 중에 가장 총애하는 두시를 찾으니 양귀비 두시를 처소에 가지 못하도록 말리고 양귀비가 시녀에게 이러이러하라 하였다.

귀비 들어가 황제를 뵈오니

"두시를 불렀거늘 귀비가 어인일인가?"

하니, 양귀비 들어가 황상에게 구구한 무슨 말씀을 드리니 황상이 그대로 믿더라.

상이 노하여 두시가 더디 옴을 질책하고 있으니 귀비 태연하게 고하기를

"두시께서 태자와 무슨 말씀 하느라고 자기 방으로 가니 감히 묻지 못하고 왔다고 하옵니다."

---

61) 장유유서長幼有序 : 윗사람과 아랫사람 사이에 차례와 구분이 있음.

하니, 상이 대경하여 말하기를

"이 말이 어인 말인가?"

하며, 시녀를 부르며

"두시를 찾으라."

하시니, 시녀 태자궁으로 가는 척 하다가 돌아와 고하기를

"두시를 태자가 불러 무슨 말씀을 주고받다가 두 무릎을 베고 누었으니 황공하여 감히 여쭙지 못하였나이다."

하니, 황상이 대로하여

"이런 놈이 망측한 죄를 지었으니 내 마땅히 죽이리라."

하시니, 귀비 대경하여

"조그마한 일일 수도 있으니 살펴보지 않으시고 역정을 낼 일이 아니오니 별 다른 일이야 있겠습니까?"

하니, 황제 짐작하시고 태비를 못 마땅이 여기시더라.

하루는 문득 두시 들어오니 황상이 변색하며

"두시 말이 이러하니 심히 괴이하도다."

하니, 두시 이 말을 듣고 황공하여 머리를 조아리며 죄를 청하니 상이 안색을 풀지 않는지라. 두시 침석에 돌아와 눈도 붙이지 못하더라.

이때 양귀비의 큰 아들을 황상이 심히 사랑하였는데 우연히 병을 얻어 죽음에 귀비가 가만히 꾀를 내어 입에다 약을 넣고 붙들고 통곡하며 왈

"황상이 밝지 못하여 정비가 신첩을 미워하여 첩의 죄로 무죄한

내 자식을 죽이시니 어찌하여야 원수를 갚을까?"
하며, 가슴을 두드리며 기절하니 황상이 대로하여 즉시 어의를 불러 입안을 열어 보게 하니 과연 기도가 막혀 있는지라. 상이 대경하사 궁중 시녀들을 다 잡아와 국문鞫問62)하시나 이들은 이미 다 귀비의 뇌물을 먹었는지라 일시에 말하기를

"엄령지하에 어찌 직고直告63)치 아니하리까?"

하며, 태비궁에 시녀들은 정비를 원망하며 황제 대하여 말하기를

"모해를 하드니 이러한 변이 있게 되었사오니 어찌 망극하지 않겠사옵니까?"

하니, 귀비 이 말을 전해 듣고 가슴을 두드리며 통곡하기를

"저 하나 세우지는 못하나 액명厄命64)이 내 자식에게 미치게 되었으니 어찌 원통치 아니하랴."

하며, 무수히 통곡하니 황제 위로하기를

"흉악한 년을 일시라도 두랴만 이미 자식을 가졌다 하니 우선은 깊이 감금 시키도록 하라."

하며, 분부 엄하게 하되 해산과 동시에 죽이라 하셨다. 황후가 이 말을 듣고 대경하여 버선발로 뜰에 나려 통곡하며

"황상은 요망한 양귀비의 말을 듣고 무죄한 정비를 죽이려하시나이까?"

---

62) 국문鞫問 : 나라에서 중죄인을 심문하는 일. 임금이 직접 하는 경우도 있음.
63) 직고直告 : 바른 대로 말함.
64) 액명厄命 : 좋지 못한 운명.

하니, 상이 더욱 노하여 황후를 바깥으로 내치고 정비 해산하기만 기다리더라.

이때 정비 잉태 중이라. 머리에 큰 칼을 씌고 정신이 아득하여 하늘만 우러러 통곡하고 무죄한 말씀을 태자에게 설화하고 연안궁으로 내려 올 때 그 형상을 차마 보지 못하겠더라. 정비 연안궁에 나와 주야로 울며 생각하기를

'내 십 세전에 모친을 이별하고 또한 부친은 멀리 전쟁에 가시고 내가 이러한 운명을 입고 죽게 되었으니 이는 부친을 상봉치 못하고 속절없이 죽어지면 어찌 절통치 아니하리오.'

하며 흐르는 눈물이 하염없이 얼굴을 적시더라. 정비 궁에서 나온 후로 한 조각 붉은 구름이 궁중에 두르더니 천지가 분란하더라.

하루는 정비 감금된 지 칠일 만에 홀연히 몸이 곤하더니 옥동자를 탄생하였다. 옥관이 정비 생남함을 아뢰니 황제 하교하기를

"황손은 내궁으로 들이고 정비는 사약을 내려라."

한데, 태자 이 말을 듣고 환관 강문창에게 손을 써 당부하니 문창이 나와 팔천 냥으로 백성의 딸을 사서 대신하고 이날 밤 삼경에 성중에서 도성 문으로 나와 강노댁에 보내고 정비 사약이 내려진 후에 황상에게 고하니

"이미 황손을 낳았으니 장례를 후히 치르도록 하라."

하였다. 황후 정비 사약이 내려졌다는 말 듣고 기절하니 군중이 다 눈물을 흘리더라. 강문창이 태자의 사연을 아뢰며 자초지종 말씀을 올리니 태자비 희열을 금치 못하더라.

이때에 정비 문창의 구함을 입어 비록 명은 살았으나 평생 죄인의 목숨으로 병석에 누어 원통하고 분한 마음을 이기지 못하여 걷잡을 수 없는 눈물을 흘리며 덧없이 세월을 보내더라.

이때 양경 부자父子 정비 사약이 내려졌다는 것을 듣고 더욱 의기양양하였다. 황상이 양경의 후첩 딸로 태비를 정하니 황후는 간여치 아니하고 정비를 생각하여 눈물을 금치 못하더라.

하루는 황상에게 고하기를

"금일은 풍경도 지경인데 심회를 덜어보고자 하옵니다."

하니, 황제 허락하시니 태자 바로 정강노 댁으로 찾아갔다. 대문을 잠그고 고요하거늘 점점 들어가니 옥소가 마침 차를 달이다가 태자 오심을 고한데 정비 혼미한 중에 그 말을 듣고 대경질색하며 태자의 손을 잡고 통곡하니 태자도 눈물을 흘리며 말하기를

"정비 이번에 죽었더라면 서로 황천에서 만나볼까 하였더니 다행으로 강문창의 구함으로 살아서 얼굴을 다시 보니 더욱 서러운 마음 측량치 못하겠소이다."

하니, 정비 울음을 그치고 대답하기를

"당초 출방 이야기에 부귀는 원하지 아니하였으나 박복한 이 한 몸이 이러한 액명厄命을 당하였으니 누구를 원망하리오."

하며, 슬픔을 그치지 아니하더라.

태자 위로하며 말하기를

"세상만사가 한 때가 있는지라 과히 슬퍼 마옵소서."

하니, 정비 더욱 고개를 숙이며

"내 목숨은 천행으로 살았으나 자식을 다시 보지 못하게 되었으니 이러한 일이 어찌 망극치 아니하리오. 그러나 태자는 동방화촉에 새 인연을 맞아 이제 전하의 내궁이 비었으니 양가의 여자 현숙하여 전하의 내조를 지내면 어찌 아름답지 아니하리까."

하니, 태자 왈

"이 어찌 새 인연을 아름답다 하리오. 황상의 분부를 거역하지 못하여 양비를 취하였거니와 양가의 낭자를 어찌 대할까 걱정이요 그러나 노심치 마소서."

하고, 석양이 되자 태자궁에 들어와 강문창으로 하여금 약과 금전을 강로댁에 보내고 대궐로 출입하니 궁중에서 혹 의심하더라. 황후 그 연유를 알고 태자를 불러 물었는데 태자 속이지 못하여 본 사실을 말씀하니 황후 즉시 강문창을 불러

"정비를 다른 곳에 옮기고 종적을 비밀히 하라."

하니, 문창이 명을 받들어 정비에게 이르기를

"황후 분부 여차하오니 급히 거처를 피하옵소서."

정비 말을 듣고 놀라며 급히 행장을 차리되 남복으로 환복하고 전일 전장에 갔던 말과 갑주와 칼을 가지고

"장사 외숙 댁에 잠깐 피하리라."

하고, 즉시 유모와 시비 옥소를 데리고 이날 밤 삼경에 떠나는지라. 문창이 서둘러 하직 한 그날 정비 슬퍼하여 말하기를

"경의 은혜는 백골난망이라 이후 갚지 못할까 염려되도다."

하니, 문창이 위로하며

"노정에 평안히 하심을 당부하나이다."
하고, 하직 인사하고 돌아오더라.

한편, 이때 정비 배를 타고 떠났더니 마침 한 재상과 동승하였다가 정비의 거동을 보고 서로 성명을 통할 새, 시랑이 눈을 들어 정비를 보니 진정 백설이나 옥 같은지라. 마음이 경외스러워 하며 묻기를

"그대는 뉘 집 자제이며 어디로 행하는가?"
하니, 정비 답하기를

"소자 본디 경성사람으로 부친은 전란 중에 가시고 외숙 댁에 의탁코자 찾아가나이다."

시랑이 말하기를

"나의 성명은 이운춘이라 하거니와 어찌 그대는 성명을 일러주지 아니하는가?"
하니, 정비 말하기를

"소자는 부족한 사람이라 부친은 정공이라 하옵고 또한 누이 있었더니 마침 태비 되었다가 비명에 죽었사와 동기간 진정에 차마 견디지 못하여 유리流離하고 있나이다."
하니, 이시랑 왈

"정강로는 본디 아들이 없다하더니 저러한 줄 어찌 알았으리요. 그대 외숙은 또한 격리 되었으니 그 곳을 찾아가면 낭패를 볼 수도 있으니 나는 그대 부친과 죽마고우라 내 또한 자식이 없으니 내 집에 가 유留하다가 부친을 만남이 어떠하겠나?"

하니, 정비 사례하며 말하기를

"대인이 이렇게 생각해 주시니 부친을 본 덧 반갑고 감사하온 말씀 어찌 다 보답하오리까?"

하며, 종일토록 겸사謙辭로 서로 화목하더라. 정비의 화한 마음과 문장 재덕이 비할 데 없어 시랑이 마음에 탄복하고 여러 날 동행하였다가 어은 시랑 댁에 이르렀다. 정생이 들어가며 풍경을 구경하더니 경계를 설하기를

청산이 좌우에 둘렀으니
평풍이 수려하고
앞에는 송죽 울창하고
가운데 고죽 누각이라.
송정 팔경이 역력히 그려져 있고
흐르는 강 어선이 당도하네.
뭇 산에 달이 뜨나하였더니
초산 장대비가 울며 희락하도다.

하였다. 정비 마음을 정치 못하여 노상에 배회하며 배회를 금치 못하는지라.

시랑이 정생을 대하여 왈

"나는 본디 자식으로 다만 한 딸을 두었더니 자식 덕행이 족히 군자의 짝이 될지라. 이제 그대를 봄에 이후의 후사를 전하고자 하니 뜻이 어떠한가?"

하였다. 정비 이 말을 듣고 심히 놀라며 이윽고 대답하기를

"대인의 말씀을 어찌 거역하리까. 소자의 사정을 돌아보지 않으시고 이렇듯 부탁하시니 따르는 게 사람의 정한 이치이오나 부친께서 수이 돌아오시면 청혼함이 옳을 것입니다."

하니, 시랑이 왈

"강로 회환이 소식이 없고 돌아올 기약이 종종하니 그대는 이 늙은이의 말을 용렬타 아니하여 굳이 사양치 말고 허락하라."

하니, 정비 말하기를

"대인의 말씀이 이렇듯 간절하니 어찌 봉행치 아니하오리까?"

하였다. 시랑이 크게 기뻐하며 내당에 들어가 부인과 설화하고 즉시 택일하더라.

이때 옥소와 유모 이 말을 듣고 소저에게 은근이 고하기를

"혼사를 기약하오면 뒷일을 어찌 감당하려 하십니까?"

정비 대답하기를

"이 댁 소저 덕행이 거룩타 하니 소저 덕행을 시험하여 타이르되 태자 심기가 안정되면 말씀 올릴 터이니 너희는 조금도 염려치 말라"

하고, 좋은 일을 당하여 소저 태자 주던 산호 옥가락지를 앞에 놓고 이를 행할 새, 정소저 교배석에 나아가 눈을 들어 보니 진실로 요조숙녀라.

교례를 하고 이날 밤 화촉에 불을 밝혀 금슬의 정을 가꿀 때, 서로 옥수를 잡고 침석에 나아가 원앙새의 즐거움 어디 비할 데

있으랴.

　이튿날 정비와 소저 양위兩位[65]전에 고하니 시랑은 정생의 손을 잡고 부인은 소저의 손을 잡고 못내 즐거워하더라. 정생이 소저로 더불어 고금의 일을 서로 설하며 언제나 슬퍼하는 덧 하드라.

　한편, 시랑 내외 그간의 일을 알고 하루는 정비를 청하여 묻기를 "그대 금슬지락琴瑟之樂[66]이 부족하니 그대 몸에 무슨 신병이 있어 그러한가? 내외간에 정이 없어 그러한가? 진정을 개의치 말고 말하게."

하자, 정생이 일어나 절하고 말하기를

　"소생의 근본을 낱낱이 말씀드릴 터이니 자세히 들으소서. 소자 팔자 기구하여 일찍 모친을 여의고 부친은 멀리 전장에 가시고 일신이 의지 할 곳이 없어 천수만 바랐더니 우연히 태자비로 간택되어 마지못하여 비를 받아 몸이 영귀하게 되어 만종의 녹을 누리다가 반심을 가진 무리에게 참소를 입어 사방 귀신이 되어 자취를 감추고 남복을 바꿔 입고 숨을 곳을 찾아 가던 중 우연이 대인의 은혜를 입게 되었습니다. 대인께서 일신을 안아주셨는데 도리어 대인을 속였사오니 망극한 죄를 어찌 하오리까? 이미 종적이 탄로났으니 말씀 드리거니와 소저를 인도하여 태자를 섬기게 하여 함께 길을 갈 생각이오니 대인께 소생이 기망欺妄[67]한 죄를 용서하옵소서."

---

65) 양위兩位 : 부모님.
66) 금슬지락琴瑟之樂 : 거문고와 비파가 어우러져 내는 아름다운 소리처럼 부부 내외가 화락함.

하니, 내외 이 말을 듣고 크게 놀라며 황급하여 뜰에 내려가 말하기를

"존비께서 누지에 왕림하사 소신 알지 못하여 도리어 천연히 대하며 죄를 지었사오니 소신이 범한 죄를 용서하옵소서. 소신도 조정을 하직하고 고향으로 돌아왔습니다. 양경이 간사한 생각을 내어 국가를 요란케 함에 벼슬살이를 하직하고 돌아왔사오나 오래지 아니하여 삼국시절이 될 것이니 어찌 망극치 아니하리오. 소신의 여식이 태자를 섬긴다면 이는 소신의 윤복潤福68)이라. 어찌 추호라도 염려하오리까."

하며, 즉시 여복을 드리거늘 정소저 말하기를

"낳은 부모도 부모요 키운 부모도 부모라 하였사오니 이미 대인이 이다지 예후禮厚하시니 이후로 부모로 섬기리다."

하니, 시랑 내외 황공하여 대접함을 더욱 극진히 하더라. 정비는 소저와 더불어 노니다가 농담하기를

"소저 무슨 말씀으로 부모님께 여쭈어 망신하여 탄로케 하였느뇨?"

하니, 이소저 얼굴이 붉어지며 고개를 숙이고 부끄러움을 이기지 못하더라.

이날 정비 시랑 내외전에 여쭈되

"어려서부터 소저 병서를 공부하여 말 타기와 활쏘기를 일삼았더

---

67) 기망欺妄 : 망령되이 남을 속임.
68) 윤복潤福 : 길한 복.

니 부친이 멀리 전장에 가셔서 도적에게 죽게 된 소식 듣삽고 잠간 변복하여 장수되어 전장에 나아가 적장을 한 칼에 베이고 부친을 구한 후에 은신하고 돌아왔으나 지금도 마음에 잊지 못하고 있나이다."

하니, 시랑이 일어나 절을 하고 이르기를

"정승으로 있을 때 듣자오니 어떠한 장수 들어와 일통골이 만학돌이 천리충이 황톨이 네 명의 장수를 한칼에 베이고 적진에 들어와 억만 군졸을 풀잎 같이 베이고 갔다하오니 그 진위를 알지 못하여 분명 천상의 신장인가 하여 만조백관이 뉘 아니 칭찬하였겠습니까. 오늘 정비의 말씀을 듣자오니 장하고 황송한 말씀은 측량이 없나이다. 소인이 매양 슬퍼하는 바는 이 강산이 오래가지 못할까 염려하나이다."

하거늘, 정비 말하기를

"차후는 태공69)의 병서와 손오孫吳의 병법서를 공부 할까 하옵니다."

하고, 매양 시랑과 더불어 술회하며 동정호 월색을 구경하다가 술이 만취하면 정비는 갑주를 갖추고 손에 창검을 들고 삼태칠성 말을 타고 초연히 앉아 칼춤 추며 질주하거늘, 그 날랜 거동이 춘삼월 제비 같고 검광은 추秋 칠월 번개 같으며 사람의 안광이 아닌지라. 정비 말 아래 내려 웃으며 말하기를

---

69) 태공太公 : 주나라 공신 강여상, 태공은 벼슬 명.

"생전에도 잊지 마옵소서. 일조에 국가 분란지환紛亂之患[70]을 당할 것이니 내 마땅히 양경의 원수를 갚고 양귀비의 간계를 씻을 것이니 그 때를 참고 기다려 보옵소서."
하니, 시랑내외 보고 탄복하더라.

한편, 이때 양경의 지위가 점점 높이 오름에 외람된 마음을 먹고 계교를 꾸미려하거늘, 황상을 조롱하며 충신을 모해하니 조정이 모두 양경의 명령대로 시행이 되고 있었다. 즉일 양귀비 태자를 서주자사로 삼고 양일충으로 두주자사로 삼고 양웅으로 기주자사로 삼고 양영으로 황주 자사로 삼고 양진경으로 익주자사로 삼고 삼촌 원이금으로 병부상서로 삼고 도독을 겸하게 하여 무고 불측한 일만 하되 황제는 이런 줄도 모르고 양경을 더욱 사랑 하시더라.

갑자기 남기억이 고하기를

"서주 양주 항주 익주 동주의 자사들이 반란을 일으켜 도성을 향하여 싸우러 오니 명장 천여 명이오 군사 백만이라. 또 서천을 여니 그 형세를 쫓아 협력하여 물밀 덧이 들어오고 있습니다. 엎드려 원하옵나니 황상은 급히 막으소서."
하니, 황제 대경하여 만조신하를 모아 의논하실 때, 모든 신하들이 양경의 당이라. 일시에 입을 모아 아뢰기를

"육도六道의 자사가 반란을 일으켰으니 대적하기 어려운지라, 황제 진정함이 마땅하나이다. 또한 양경은 장점이 유여하오니 대원

---

70) 분란지환紛亂之患 : 어지러운 환란.

수를 삼고 원이금으로 부원수를 삼고 즉시 팔십만 대병을 조달하옵소서."

하니, 천자 중군이 되어 행군하여 행군한지 수일에 서평관에 다다라 산을 등지고 진을 치자 이때 양충이 내달아 크게 소리 지르며

"천자의 덕이 없어 백성이 도탄 중에 들었다. 이제 성군 만남을 원하나니 내 마땅히 대군을 멸하리라. 바삐 항복하고 뒤를 전하라. 만일 더디 하면 명을 도모하지 못할 것이니 바삐 항복하라."

하고, 진중에 횡행하니 상이 대로하여 좌우를 돌아보며 이르기를

"뉘 능히 짐의 분을 풀어 주리오."

하니, 선봉장 양경이 나서 싸워 수합이 안 되어 짐짓 사로잡히고 부원수 양원이 급히 내 달려 싸우나 일합이 안 되어 잡혔다. 황상은 거짓으로 싸우는 줄 모르고 대경 질색하여 망극한 분을 참지 못하더라.

양홍이 제시하며 크게 소리치기를

"이 무도한 황제여! 천시天時가 무도하여졌으니 빨리 나와 항복하라."

하니, 황제 망극하여 여러 신하 돌아보며 왈

"제신 중에 뉘 능히 저 도적을 잡으리오. 만일 저 도적을 잡으면 천하를 반분半分하리라."

하니, 신하들이 간하기를

"적의 세력이 이러하니 할 수 없이 항복함만 같지 못하오리다."

하니, 황상이 더욱 분하여 앙천仰天 통곡하더라. 갑자기 일개 적진

이 좌우로 둘러싸 그 위급함이 경각에 있는지라. 슬프다 뉘 능히 구제하리오. 눈물을 흘리며 용포를 적시더라.

이때, 태자 멀리서 황제 적진에 잡혀 첩첩이 에워싸인 것을 보고 태자 망극한 분을 이기지 못하여 절마단창으로 적진으로 들어가며 크게 소리치기를

"이 무도한 역적 양흥아. 지옥 귀신이 되어 천지를 모르고 이다지 범죄를 저지르니 어찌 하늘이 두렵지 아니하리오. 나는 곧 태자로다."

하니, 적장이 대답하기를

"태자 분한 마음을 두지 말라. 황상의 덕이 없어 우리가 천명을 받아 군사를 일으켰도다."

하고, 분분하며 태자를 첩첩이 에워싸고

"죽여라."

하고, 동에 청룡기와 서에 백호기와 남에 주작, 북에 현무를 거느리고 북을 울리며 달려드니 태자 또 철백열합71)에 싸였는지라. 태자 하늘을 향하여 대성통곡 왈

"부자 함께 적진에 들어 사생이 경각에 있으니 망극한 마음을 어찌할까?"

하며, 어찌 할 줄을 모르며 무수히 통곡하더라.

적장이 크게 소리 지르며

---

71) 철백열합 : 철로 된 단단한 상자.

"황상이 수만 철기에 싸여 칠일 째 잡혔으니 부모지정을 알거든 빨리 황제를 살릴지라."

하며, 의기양양하니 황상이 듣고 대경 질색하며

"짐이 덕이 없어 하늘이 죄를 주도다."

하시고, 황제 통곡하더라.

한편, 이때 시랑 댁에 정비는 날로 재주를 공부하다가 황성 소식을 탐지하던 중, 문득 한 사람이 이르기를

"육도자사들이 반란하여 황제와 태자 사정이 경각에 있도다."

하거늘, 정비 이 말을 듣고 대경 질색하여 시랑 내외 청하여 통곡하며

"육도자사가 반란하여 황제와 태자가 함께 적진의 철기에 싸여 칠일이 되었다 하옵니다. 사생이 경각에 있으니 이는 반드시 양경의 소행이라. 어찌 일시를 지체하리오."

하니, 시랑이 말하기를

"소신도 함께 가서 황상의 위급함과 태자의 존망을 구함이 신하의 도리오니 함께 가고자 합니다."

하니, 정비 이 말을 듣고 말하기를

"어찌 함께 가리오. 내 한 번 말위에 올라 채로 치면 천리 강산이 눈앞을 지나오니 함께 가기 어려울 것입니다."

하고, 또 소저를 대하며

"황상과 태자 소식이 급급하여 떠나가니 그 사이 몸을 잘 보존하라."

하고 즉일 행장을 차려 떠날 때 삼태칠성 말을 타고 채를 들고 희롱하니 청룡이 구름을 타고 오운을 행하는 덧 하더라. 서편 원근遠近의 거리를 물으니 칠백리라 하거늘 말을 놓아 그날로 사시에 서편관에 다다라 적진을 바라보니 철통 같되 황상과 태자 철벽함에 싸여 사생이 경각에 있다 하거늘 정비 대로하여 크게 소리지르며 왈

"너희는 어떠한 도적이건데 하늘같은 황제와 일절 같은 태자를 감히 이렇게 대접하는가. 나는 하늘의 명을 받아 주씨 황상을 구하고저 왔느니라. 지체 말고 빨리나와 명을 받아라."
하는 소리 양편을 흩어놓는 덧 그 거동이 표표하여 나는 제비라도 당하지 못할 것이라.

적진 중에 한 장수 나서며 소리치길

"너의 황상이 덕이 없어 천하 인민이 무도한 중에 들었기로 우리에게 명을 주어 너희 황상을 내치고 만인을 지키고자 왔느니라."
하니, 정비 대답하기를

"너희는 본디 국록의 신하들로 임금의 은혜를 갚아야 할 것인데 반역지심反逆之心을 가지니 밝은 하늘이 두렵지 아니한가. 자고로 천리天理[72]가 있고 사람이 있으며 사람이 있고서야 오륜五倫[73]이 있으니 군신유의君臣有義[74]와 부자유친父子有親[75]이 삼강三綱[76]의

---

72) 천리天理 : 천지자연의 이치. 바른 도리.
73) 오륜五倫 : 유교에서 말하는 사람이 지켜야 할 다섯 가지 도리.
74) 군신유의君臣有義 : 임금과 신하 간에 의義가 있음.

으뜸이라 너희 몸은 오륜을 모르고 이같이 범람한 뜻을 두니 빨리 나와 항복하라. 만일 더디 하면 씨 없이 죽이리라."

하니, 양흥이 대로하여 즉시 황금 투구를 쓰고 몸에 엄신奄身77) 갑옷을 입고 왼손에 장사검을 들고 오른 손에 호령기를 들고 천리 칠성 말을 타고 달려들거늘 정비 대로하여 싸움에, 정비의 창이 공중에 번득하며 양흥이 탄 말을 찔러 엎치니 양흥이 말위에서 떨어져 미처 손을 놀리지 못하여 정비 칼이 번득하며 양흥의 머리 말 아래 떨어지는지라. 말에 달고 진 중에 행행하며 크게 소리치기를

"적진 중에 감히 나를 당할 자 있거든 빨리 나와 승부를 결단하라."

하며, 좌로 돌며 돌진하니 서주자사 양위가 매양 흉측함을 보고 크게 분하여 언성을 높이며 출마하며

"너는 조그마한 아이로서 출전한 게 두렵지 아니한가. 오늘은 너의 목을 베어 양흥의 원수를 갚으리라."

하고, 달려들거늘 정비 자사와 수합에 임하여 정비의 칼이 빛나며 양위의 머리 말 아래 떨어지거늘 또 말에 달고 더욱 승승하며 진중에 들어가 철책 함을 헤치고 태자 있는 곳으로 들어가니 피는 흘러

---

75) 부자유父子有親 : 부모와 자식 간에 친함이 있음.
76) 삼강三綱 : 임금과 신하, 부모와 자식, 부부 사이의 기본 강령. 즉 군위신강君爲臣綱, 부위자강父爲子綱, 부위부강夫爲婦綱.
77) 엄신奄身 : 몸을 가려 보호함.

강물이 되고 죽은 자가 산 같더라. 바로 태자 있는 곳으로 들어가 태자를 앞에 끼고 나는 듯이 나오며 좌충우돌하니 적진장졸이 정비의 용맹을 보고 모두 황황하였다. 또 적진 중으로 들어가 기력을 다하는데 충주자사 양일충이 급히 내닫거늘 마주 싸워 수십여 합에 승부를 결단치 못하였다. 속으로 생각하기를 '내 태자를 옆에 끼고 싸우니 자연 적장에게 힘을 쏟지 못하노라'하고 기력을 다하여 칼을 날려 몸을 솟구쳐 양일충을 치니 검광이 빛나며 일충의 머리 말 아래 나려지는지라. 칼춤 추며 일충의 머리를 칼끝에 꿰어 들고 재주를 드러내니 이는 맹호 기상이요 위엄은 늠름하더라. 삼태칠성 말을 타고 풍진에 크게 소리하며 푸른 안개 자욱한데 칠 척 창검을 빗겨 차니 적진장졸이 모두 문을 떠나지 못하더라.

이때 태자 진에 이르러 정신이 어질하여 사생을 모르더라. 정비 급히 황진에 돌아오니 황상이 보시고 친히 나와 맞이할 새, 정비 읍하고 태자 모셔온 사연을 주달하니 천자 정비의 손을 잡고 백배치사하며

"장군은 뉘신지 모르거니와 죽게 된 나를 구하고 태자를 살렸구나 또한 짐의 강산을 보존케 하였으니 이 은혜 어찌 측량하리오. 부디 힘을 다하여 짐을 도와 천위를 온전케 하면 마땅히 강산을 반분半分하리라."

하니, 정비 사은하고 즉시 말에 올라 적진에 위엄으로 임하고 끝내 분란을 도모하는 자 용서치 아니하며 횡횡하더라.

이때 기주자사 양웅이 용맹에 유연하고 짐짓 대인이라. 이 말을

듣고 분을 이기지 못하여 말하기를

"이 조그만 장수를 잡지 못하여 진중을 요란케 하느냐?"

하고, 즉시 출마하여 진 밖에 나서니 신장이 구척이오, 머리는 표범의 머리요 허리는 곰의 허리요 팔은 잔나비78) 팔이라. 정비 바라보고 소리 지르길

"무도한 도적놈아. 너는 천리天理를 모르는 대적 무도지심無道之心으로 천하를 불안케 하는 역적이라. 황상이 근심하사 만민이 도탄 중에 있나니 너 같은 도적놈을 대적하기 심히 용렬하되 별도로 취하리라. 빨리 나와 항복하라."

하니, 양웅이 대답하길

"너를 보니 아직 청춘소년이라. 전장戰場의 고혼孤魂이 되면 그 아니 불쌍할까 죽음을 아끼거든 우리를 도와 어진 이름을 청백淸白79)에 올림이 옳도다."

하니, 정비 위연喟然80)히 말하기를

"너 같은 도적놈아. 너희는 듣지도 못하였느냐. 나는 안남 교지국에 수백만 적병을 칼로 베이고 정원수를 구하던 장수로다. 하물며 무도한 너희 놈을 씨나 남겨두랴."

하며, 말을 마치자 칼을 두르며 달려드니 진실로 두 호랑이 맹렬하게 싸우는 상이라. 백여 합에 이르러도 승부가 나지 않는지라.

---

78) 잔나비 : 원숭이
79) 청백淸白 : 재물에 대한 욕심이 없이 곧고 깨끗함.
80) 위연喟然 : 한숨과 탄식.

이때 황제와 태자 하늘에 축수하기를 마지아니하더니 정비 두 어깨 쌍용이 기운을 통하며 삼태칠성 말 두 귀에서 안개가 일어나 적장을 둘러싸니 양웅이 정신이 망망하여 대적치 못할 줄 알고 말머리를 돌리고자 하드니 정비 호통하며 크게 한 소리 지르며 몸을 솟구쳐 양웅을 치니 일진광풍이 일어나며 양웅 머리 공중으로 솟았다가 내려지는지라. 정비 양웅 머리를 말에 달고 싸움을 도와 더욱 성세하였다. 양광영과 양진경은 양웅의 죽음을 보고 비로소 내달아 달려들거늘 정비 또 맞아 싸울 새, 오른 손으로 양광영을 대적하고 왼손으로 양진경을 대적하니 그 날랜 거동은 춘 삼월 제비 같고 늠름한 기상은 가을의 서리 같았다. 정비의 칼이 빛나며 양진경의 머리 땅에 떨어지는지라. 양광영이 진경의 죽음을 보고 능히 대적치 못할 줄 알고 머리를 두드리며 본진으로 도망하거늘 정비 급히 활을 쏘아 양광영의 머리를 맞추어 쏘니 양광영이 말 아래 떨어지거늘 정비 칼을 날려 목을 베어 말에 달고 나는 덧이 달려드니 적병이 황황 분주하여 사방으로 흩어지는지라 정비 장대에 높이 앉아 적병을 호통하며

"너희들은 죄가 없으니 각각 물러가 부모처자를 다시 보고 농업에 힘써 국은을 갚으라."

하였다. 양경과 원이금이 즉시 돌아와 사배하며

"우리는 대국선봉장이었더니 적장에 사로잡혔으나 장군의 은혜를 입고 본국으로 돌아와 황상을 다시 모시게 되오니 장군의 구구한 은혜를 어찌 갚으리까?"

하니, 정비 짐짓 위로하기를

"어찌 그러신 줄 알았으리요. 함께 돌아가도록 하자."

하고, 승전고를 울리며 적의 군사들을 거느리고 들어가니 그 위엄이 비할 데 없더라.

정비 다시 황상에게 엎드려 아뢰기를

"육도자사의 머리를 올립니다."

하니, 황상이 정비의 손을 잡고 못내 칭찬하며

"장군의 공을 의논하건데 산과 같고 바다와 같도다. 무엇으로 갚으리오."

하였다. 정비 머리를 조아리고 절하며 아뢰기를

"소장이 전쟁에 나온 것은 두 번이로소이다. 연전에 안남지국이 반란하여 태양도에 정원수 위급하다 하옵기로 소장이 절마단창 적진 중에 달려들어 천리충을 한칼에 베이고 은신하였더니 이제 또한 황상께서 위급하다 하옵기에 잠깐 구하였사오니 모두 황상의 은덕으로 그러한 것입니다. 소장은 폐하 환궁하신 후 전후사를 아뢰올 터이니 명령 없이 출전한 죄를 용서하옵소서."

하니, 황상이 이 말을 들으시고 더욱 신기하게 여겨 말하기를

"교지국 정공을 구하던 장수를 천신인가 하였더니 이제야 만났도다. 천하에 이러한 일이 어디 있으리오."

하시며, 칭찬이 자자하더라.

한편, 이때 여러 날 만에 상이 환궁하실 새, 육도 자사 머리를 말미에 달고 승전고를 울리며 정비 삼태칠성 말위에 두렷이 앉아

삼군을 호령하니 초야 백성들의 위안이 되어 모두 축복하더라. 수일 만에 황성에 도달하여 출전한 장수들 차례로 상을 하사하실 새, 정비 황상에게 주달하기를

"이제 반적을 다 소멸하였으나 그 역당은 아직 무사하와 옥석을 구별키 어렵사오니 폐하는 남면81)하와 황상의 자리에 좌정하옵소서."

하니, 상이 올라앉아 그 진위를 정비에게 듣고 즉시 남문 위에 좌정하실 새, 정비 손을 들어 삼군을 호령하여 좌우에 나열하고 철기군 삼백을 호령하여 양경과 원이금을 결박 난립하라 하는 소리, 그 위엄이 서리와 눈 같더라. 무사 일시에 내달아 찾아 황상 앞에 세웠는지라. 달려 덜어 꿇어앉히자 정비 소리를 높여 크게 꾸짖어 왈

"너희 놈은 만고에 역적이라."

하고, 다시 무사들을 호령하여

"도성에 들어가서 두 놈의 가솔과 내궁에 들어가 양귀비 모녀를 잡아드리라."

하니, 성내의 모든 신하가 대경질색 하더라. 무사 성 중으로 달려 들어가 양경의 가솔과 원이금의 가솔이며 귀비의 모녀 및 별궁 신여도 다 잡아 들이니 상하 인민이 다 넋을 잃고 어떻게 할 줄 모르더라. 정비 분한 마음을 걷잡지 못하여 크게 호령하며 양경의

---

81) 남면南面 : 남쪽으로 향함. 임금의 자리에 오르거나 임금이 되어 나라를 다스림. 임금이 남쪽을 향하여 신하와 대면한 데서 유래.

부자를 불러 각각 앉히고 칼을 견주며 말하기를

"이 흉악한 놈아. 벼슬이 일품이오. 국록도 만종이라. 국은이 만족하거늘 요악한 귀비와 부당한 짓거리로 상의 밝으심을 그르다 하고 충신도 살해하고 역모에 뜻을 두고 누이를 등에 업고 국가를 망하게 하였으니 또한 도적이라. 무죄한 정강로를 정장에 보내고 네 자식과 함께 강로 댁에 와 중문을 수탐하여 허세로 탐지하였으니 그 흉악한 놈의 행실이 어디 있으며 너희 놈 용맹으로 육도자사를 일으켜 전쟁을 일으켰으며 황제로 친정親征[82])하게 하였으니 그런 놈이 어디 있으며 거짓으로 패하여 적진에 사로 잡혔다고 하나 내 너의 간사한 꾀를 아는지라. 천은이 망극하고 국권이 창원하기로 내가 승전하였으니 너의 적당들을 어찌 일시라도 그냥 두랴."

하고, 무사들을 호령하니 무사 일시에 달려들자

"주상을 기망한 역당들은 이실직고하라."

하니, 양경과 원이금의 간담이 떨어지고 호흡을 통제 못하여 몸이 얼어버려 낯이 초조하다 못해 얼굴색이 흑색 빛이더라. 상이 그제야 양경이 수작한 꾀를 듣고 크게 놀랐다. 정비는 즉시 양경의 족당을 능지처참하고 귀비 모녀 이만치 앉혀 놓고 크게 소리 지르며

"네 자식에게 귀비가 독약을 넣고 무죄한 정비를 네가 죄 주어 용포를 네가 지어라하고 황상에게 고하여 죄 없는 정비에게 사약을 준 것은 무슨 뜻이냐? 낱낱이 고하라."

---

82) 친정親征 : 임금이 몸소 군사를 거느리고 정벌하러 감.

하며, 무사를 호령하여 검사하니 황제와 제신이 놀라더라. 황제 그제야 귀비의 간계에 빠져 무죄한 정비에게 사약을 준 것을 알고 말하기를

"짐이 밝지 못하여 요악한 년의 간계를 알지 못하고 무죄한 정비를 죽였으니 어찌 천벌을 면하리오."

하고, 즉시 귀비와 공주를 죽이니 상하 인민이 모두 칭찬하며

"선관이 인간에 하강하여 옥석을 판별하니 세상에 희한한 이런 일이 어디 있으리오."

하더라.

이때 황상이 대연회를 열고 술잔을 잡고 정비에게 권하시고 종일 말씀하며 만조백관은 만세를 부르고 초야 인민 격양가를 일삼더니 이날 정비 상소하여 올려 전후사를 낱낱이 아뢰니 상이 상소를 보시고 대경대희大驚大喜하며

"내 그 장수의 성명을 이르지 아니하기로 괴이 여겼더니 정비가 세상에 다시 살아 장수되었음에 부자父子를 구할 줄 어찌 알았으리요. 천하에 이런 일이 어디에 있으리오. 귀비가 밝지 못하여 귀비의 간계에 빠져 무죄한 정비를 사약을 주었으니 무슨 면목으로 정비를 다시 보랴. 강문창의 정성과 이운춘의 득으로 국가를 보존케 하였으니 두 사람의 충성을 정상하리라."

하시고, 하교 하시되 이운춘을 이부상서로 하시고 강문창을 병부상서로, 정유를 충렬왕 승상으로 봉하시고 사관을 명하니 정원수로 즉일 패초牌招83)하시며 정비를 별궁으로 모셨다. 이전의 일을 정비

생각하니 슬픈 눈물을 비 오듯 흘리며 그치지 아니하더라.

한편, 이때 태자 정비 거처를 몰라 주야로 사모하던 중에 마침 소식을 듣고 즐거운 마음에 정신이 아득하며 어떻게 할 줄 모르더라. 급히 나와 손을 잡고 한편 슬프고 한편 반가운 마음 금치 못하며
"그대 한 번 이별한 후로 황명이 지중하여 찾아 가보지 못하고 주야 사모하든 정이야 어찌 다 설화하며 이런 위급함을 당하여 전장에 와 죽게 된 우리 부자를 구할 줄 어찌 꿈에나 알았으리요."
하며, 반갑고 슬픈 마음 억제하지 못하더라.

이때 황후도 정비를 보고 적이 말을 못하다가 손을 잡고 탄식하며
"죽은 영혼이 다시 살아 왔는가. 슬프고 반갑도다. 꿈인가 생시인가."
하며, 더욱 측량함이 없더라. 또한 이르기를
"정비 무사가 되어 전장에 횡횡하여 적장을 소멸하고 사직을 안보하여 황상과 태자를 살렸으니 이는 천상 신선이라."
하시며, 슬픈 마음을 금치 못하시더라.

이때에 정비 일어나 두 번 절하고 전 후 사연을 차례로 고하니 황후 듣고 더욱 망극한 마음 마지아니하니 정비 일어나 절을 올리더라. 이윽고 돌아오니 태자 정비를 대하여 전후 아뢰든 말씀 낱낱이 설화하고 서로 웃음꽃을 피우더라. 정비와 태자 황상을 뵈오니

---

83) 패초牌招 : 임금이 승지 등에게 하교하여 신하를 부름.

황상이 참으로 사랑하는 마음을 이기지 못하더라.

한편, 이때 정원수 안국에 있어 백성들을 위무하며 소저를 생각하고 고국 소식 듣지 못하여 눈물로 세월을 보냈더니 하루는 양왕이 간청하여 말하기를

"한 딸을 두었으되 재주와 인물이 족히 군자와 결연할 사람이라 여겨지오니 싫다 마옵시고 허락하옵소서. 소왕이 한 꿈을 얻었더니 천상의 삼태성이 떨어져 여아의 홍상紅裳에 싸여 장군께 전하더니 문득 깨어보니 남가일몽南柯一夢이라 꿈이 하도 신기하여 장군께 청하오니 저버리지 마옵소서."

하니, 정원수 꿈이 신기함을 치사하고 즉시 허락하시니 왕이 크게 기뻐하여 즉시 택일하여 행함에 그 위엄과 거동이 찬란하더라. 과연 그 때부터 태기가 있어 열 달이 됨에 일태 이태 삼태를 낳았으니 소리 우렁차고 얼굴이 형산의 옥 같더라. 양왕 내외와 정원수 크게 기뻐하며 장자의 이름은 일성이라 하고 차자의 이름은 이성 삼자의 이름은 삼태라 하였다.

이때 천자 사신을 보내고 조서를 내렸다. 원수 한편 반가우며 한편 슬픈지라 즉시 북향 사배하고 받아보니 이르시길

"충열 정 좌승상 유라."

하였고, 또 일봉의 서찰이 있거늘 떼어보니

'불효여식 정모는 돈수재배하옵고 부친 진정에 올리나이다. 소녀 죄악이 진중하여 부친을 태양도에 이별하고 종적을 감추어 집에 돌아와 은신하였더니 천만으로 태비에 간택 되어 몸이 안귀安貴하

였으나 양귀비의 모해로 어쩔 수 없이 연안궁에 갇혔더니 마침 잉태하여 황손을 탄생한 후에 황상이 사약을 내리심에 강문창이 도모하여 외숙을 찾아 가던 중에 상서 이운춘을 만나 도망하여 있었더니 만고 무도 역적 양경이란 놈이 창역暢逆[84]하여 국가를 요란케 하기로 분을 이기지 못하여 전장에 나아가 흉적을 소멸하고 양경의 부자와 족당을 능히 처참시키고 양귀비 모녀를 잡아 원수를 갚았으나 일구월심에 부친을 생각하니 슬픈 눈물이 흘러 수심을 이기지 못하였습니다.' 정원수 글을 다 보시고 대경 질색하여

"내 딸이 어려서부터 재주가 유여하였기로 범상케 아니 여겼더니 어찌 이렇게 될 줄 알았으리요."

하시니, 양왕 내외 이 소식을 듣고 칭찬함을 마지아니하더라. 얼마 후 정원수 돌아감을 청하니 양왕이 말하기를

"이는 함께 즐거워 할 일이라 소왕小王도 함께 경성에 올라가 천은天恩을 축수祝壽하올터이니 원컨대 원수 저와 함께 가사이다."

하니, 원수 양왕의 충성을 아는지라 치사하시고 왕비도 눈물을 머금고 정공을 대하여 말하기를

"생전에 뵙기 더딜까 합니다."

하고,

"어찌 슬프지 아니하며 또 여식은 물론 보기 쉽지 못할지라."

하고, 말하기를

---

84) 창역暢逆 : 역모를 펼침.

"먼 길에 잊지 마옵소서."
하고, 슬픔에 젖더라. 공주도 모친에게 말씀드리고 서로 정으로 위로하고 눈물로 하직하더라.

한편, 이때 시랑이 정비를 전장에 보내고 날로 기다리드니 뜻밖에 부모상서 유지를 드리며 전하는 하인이 길을 재촉하거늘 시랑이 크게 기뻐하며 그제야 정비가 성공한 줄을 알고 일희일비一喜一悲하며 채비를 차려 황성으로 행하였다.

여러 날 만에 기주성전에 도달하니 이때 정원수와 양왕도 함께 기주성 중에 도착하는지라. 이 기별을 듣고 정원수를 찾아 읍하며 정녕 그리든 정회와 고생하던 말씀을 설화하며 황성에 이르렀다. 황상께 사은謝恩하니 황제 승상을 보시고 못내 마음을 이기지 못하여 말하기를

"짐이 밝지 못하여 태비를 고생하게 하고 또한 경을 만 리 전장에 보내어 여러 해 고생하게 하였으니 어찌 참회치 아니하리오."
하고, 또한 이시랑에게 말하기를

"이 사람 경의 충성은 이미 아는 바라. 모든 걸 무릅쓰고 태비를 구하였으니 경의 은혜를 어찌 갚으리오."
하였다. 또한 정강로 양왕의 집에 입처하여 일태 삼남 한 사연을 주달奏達85)한데 황상이 이를 듣고 더욱 기뻐하며 양왕을 들게 하니

---

85) 주달奏達 : 임금에게 아룀.

양왕이 사은하고 성은을 감축하더라.

이때 정비 부친 오심을 듣고 급히 별궁으로 맞이하며, 서로 붙들고 통곡하였다. 승상이 또한 백수를 흩날리며 눈물을 금하지 못하더라. 정비 또한 시녀를 명하야 이시랑을 청하니 이소저 함께 복지(伏地)[86] 하거늘 정비 이 소저를 대하야 반가운 마음을 설화하며 시녀를 명하여 별궁으로 모시게 하였다. 이때에 태비가 부친께 여쭈기를

"이시랑의 도움으로 죽을 잔명을 보존하여 부친을 다시 만나보오니 은혜 망극한지라 어찌 다 갚으오리까?"

하며, 서로 이시랑의 은혜 감사해 하더라.

한편, 정원수 태비에게 이르기를

"안국에 있을 때 양왕의 부마가 되었으며 천행으로 일태삼남(一胎三男)[87]을 낳았으니 이 또한 황상의 덕택이오 태비의 도움이로다."

하니, 태비 말하기를

"내 평생에 남동생 없어 주야 한탄하였더니 어찌 반갑지 아니하리오."

하며, 눈물이 소매를 적시더라.

태비 황손을 청하여 급히 들어오니 정비 황손을 안고 눈물을 흘리며 왈

"너 어미를 알겠느냐?"

---

86) 복지伏地 : 땅에 엎드림.
87) 일태삼남一胎三男 : 한 번에 세 쌍둥이를 잉태.

하며,

"너를 낳은 다음 날, 너를 버리고 사생死生을 도모하였더니 그 간에 벌써 이렇게 자랐느냐. 아무리 총기 출중하다한들 나는 너의 애미라. 모자간 정을 누가 끊을 수 있으랴."

하며, 더욱 서러워 하니 황손이 슬픔을 머금고 울면서 하는 말이

"어머님 그 사이 어디 가셨다가 이제야 왔나이까?"

하며, 달려들어 품에 앉아 젖가슴을 만지며 눈물을 흘리니 정비 더욱 슬퍼함을 마지아니하더라. 또한 남동생 삼형제 불러 오니 얼굴이 백옥 같고 미간은 천지조화를 가진 덧 하더라. 태비 삼 동생을 제 살 같이 사랑하기를 비길 데 없더라. 이미 황혼이 되어 태비 승상과 동생들을 보내고 태자를 대하여 전일 이상서 집에 있을 때 혼사를 치른 말씀을 단단히 설화하고 즉시 이소저를 별궁으로 시위하고 시녀 전후에 나열하는 거동이 아름다웠다.

이때에 이소저 황후 및 태비 전에 덕행으로 섬기니 황후 칭찬 하시더라. 또한 황상과 황후 각각 대연을 배설하고 시종일관 기뻐 하더라.

강문창과 모든 대신들과 더불어 풍악을 울렸다. 황제 용포를 흩날리며 말씀하시기를

"잔치란 구분이 없이 동락으로 즐기도록 하라."

하고, 친히 진을 잡아 제신들을 차례로 전하니 그 희락喜樂이 비할 데 없더라.

한편, 이때 황후 또한 대연을 배설하고 모든 부인을 데리고 즐거

워 할 때, 정비와 황제 후궁 두시와 태자빈 이소저 다 모였는데 시비 옥소도 좌중에 앉혔다. 황후 취중을 이기지 못하여 옥소에게 명하여 왈

"전후사를 네 아는 대로 하라."

하고, 곡조를 청하였는데 옥소가 반겨하며 한 곡조 아뢰어 부르기를

> 관음사 좁은 길에
> 처량하다 행색이야
> 백설 같이 고요한 절
> 아는 이 몇몇인가
> 아는 이는 관음이요
> 보는 이는 주씨로다
> 대면을 허락하고
> 소저와 동거 할 때
> 춘흥을 못 이겨
> 옥수玉手로 희롱하니
> 놀라워라 우리 태비
> 팔백 서책을 잊고
> 침소로 돌아갈 제
> 그 진정을 드러내니
> 변복이 장구하였네
> 삼천 궁녀 시위하고
> 옥교 높이 앉아

천궁으로 들어올 때
즐거워하신 우리 황후
반기나니 진심이라
불측하다 양귀비여
어이 그리 불측턴가
천지개벽하온 후에
천생 만물하옵시고
그 중에 귀한 것은
그 아니 사람인가
다 같은 사람으로
무엇을 그리 허물하나
승상 얘기 듣고
만고萬古가 생각나네
그것이 황명이라 하고
용포로 모해하니
천명이 완전커늘
네 어이 장구하랴
모해로 중상하거니
죽은 자식 무슨 죈가
조약은 무슨 일고
무엇을 넣어 목을 조였을까
자업자득이라
죽으면 가는 멀고 먼
황천길 자자이 조심하라
가련하다 가련하다
우리 태비 사약은 무슨 일고

천금 주상 어린 백성
대신하여 사약하니
그 놀라움이 오죽할까
불쌍하다 우리 태비
능 중에 숨었다가
대명하여 나올 적에
그 정성이 오죽할까
차라리 죽기만 못하더라.
인간에 못할 것이
또 명밖에 더 있는가.
자고로 이른 말에
고진감래라 일렀더라.
반가울사 태비 행차
창검을 높이 들고
태양도로 들어가서
적진에 달려들어
적장을 베어들고
부친을 구하시니
일편단심 굳은 효성
증자曾子[88]를 효칙效則[89]한 데
양경의 흉계로서
황상이 친병親兵[90]하사
옥루玉淚 흘러 비가 되네

---

88) 증자曾子 : 공자 제자. 효성이 뛰어남.
89) 효칙效則 : 본 받음.
90) 친병親兵 : 몸소 군대를 움직임.

이때는 어려운 때라

진시辰時 말末 사시巳時 초初에

적진을 굽어보고

절마단신切磨單身91)

달려들어

태자를 구하시니

미자微子92)의 충심

일월 같이 빛나도다

즐거울사 정비 행차

태자를 살렸으니

백옥 같은

굳은 절개 만세 무궁이라

역적을 소멸하고

귀비를 잡아내어

옥석을 선별하니

삼강이 밝아지고

오륜이 새로워라

하늘같은 우리 황상

일월 같은 우리 태자

만세 만세 만세로다

강구연월 태평하니

우리 황상 덕택으로

---

91) 절마단신切磨單身 : 갈고 닦은 몸.
92) 미자微子 : 중국 상나라의 왕족. 성은 자子, 이름은 계啓. 미微나라에 봉해졌고 자작의 작위를 받았으므로 '미자微子'라고 한다. 임금에게 충언을 간하다 나라를 떠남.

천지 운수 도양하고
연잎 같은 삼천 궁녀
출처를 가리게 하여
문창 불러 단속 후
몸 소식 감추고
간장만 태울 적에
가소롭다 양귀비야
너 어이 알았으리오.
명천이 감동하사
삼태성 정기로
정비 다시 태비 되니
이도 또한 천명일세
덕행으로 단속하여
주씨 천하 평정 후에
일월 같은 태비 충절
만고 천고 제일이라
희희호호 백성들아
충신 효열孝烈 부디 하소
효자 충신 열녀들은
백천만대 빛나더라
흉악 역적들은 죽음이 참혹한데
우리 태비 굳은 절개
천고 만고 유정하소
군신 부자 부부 화락和樂
이러한 이 또 있으리까.

하고, 노래를 파한 후에 일어나 사배하고 조용히 눈물 흘리며 절하고 앉으니 좌우 모든 부인 애통해 하지 않는 이 없더라.

한편, 이때 황제와 강문창이 이 곡조를 들으시고 감회를 느껴 옥소의 노래 칭찬하고 즉시 옥소에게 명하여 별궁으로 청하시더라.

양왕이 돌아가길 청하니 황상과 정승상이 못내 연연해하더라.

시절이 여류如流하여 태비는 아들 칠형제를 두고 이시랑의 딸은 아들 오형제를 두니 그 아들 행실과 총명이 매사 거룩하여 국사를 도우며 조정 백관을 차례로 상과 벌을 내리니 태평연월에 시절이 더욱 풍요로워 격양가93)를 부르며 만세 억 만세 무궁이더라. 요순 대시절이라 또 이 위에 더하리까. 정비는 비록여자라도 국정을 도왔으니 이 또한 충신이요 부모를 살렸으니 이 또한 효녀로다. 태비의 덕으로 평화로운 세월을 만나니 그 아니 반가우랴.

정축년 삼월 초구일 필서 한, 글로써 창피하나 사연은 한 번씩 볼만하오니 보시는 이 웃지 마시오.

---

93) 격양가擊壤歌 : 풍년이 들어 농부가 태평한 세월을 즐기는 노래. 중국의 요임금 때에, 태평한 생활을 즐거워하여 불렀다고 함.

Ⅲ. 〈졍비젼〉 원문

P.1

츄천자 시졀이 쳔ᄒ지 일명 산이 이시ᄃᆡ 골윤산이라. 즁국이 딕이 ᄃᆡ야 이 산쳔어로 붓터 황셩이 뒤야 난ᄃᆡ 한가지난 이쥬로 붓터잇고 한 가지난 양쥬로 나련난ᄃᆡ 기이ᄒᆞᆫ 봉이 쳡쳡이 차우로 둘녀 오싁 구름이 소산난ᄃᆡ 양셕얼 둘여 산이 기이ᄒᆞ고 기운이 일월얼 히롱ᄒ며 황ᄒ슈로 둘녀난ᄃᆡ 한양슈로 헐녀오니 쳔ᄒ이 지일 명산일리라 양쥬땅이 ᄒᆞᆫ싱이 이시ᄃᆡ 셩언 졍이요 명언 유요 자난 공족이니 일젹 쳥

P.2

운이 올라 벼살이 강노이 쳐ᄒ고 쳥유 실거힝니 잠젹ᄒ나 실ᄒ이 일젹 혈육이 업셔 ᄆᆡ양 조흔 셕이을 당ᄒ며 셔로 실혀ᄒ드라. 일이런 졍강노 ᄒᆞᆫ ᄭᅮᆷ얼 어더니 옥갓흔 션관니 쳔운얼 타고 나려와 졀월얼 ᄒ고 강노압픠 시지ᄒ거날 살펴본이 옥연쇼옥이 션여 안ᄌ시되 얼골언 홍도화 갓고 몸이 사향포얼 입고 허리이 환검인신얼 차고 머리의 칠보단ᄌᆞᆼᄒ고 두엿기 일월 무쳐시미 손이 동검을 쥐고 언언니 안ᄌ시지니 거 웅즁ᄒᆞᆫ 거동이 사람의 안광이 황홀ᄒ지라

P.3

선여 옥안나려와 강노 양위전이 합중 비리왈 쳡언 쳔승 사람으로
상공 실후이 요시러 와사오니 여엿쎄 싱각후압소셔 강노 씨다르니
남과일몽이라. 몽수 신기후기로 부인얼 청후야 몽수얼 셜화 후시
니 부인 몽수 쏘한 갓한지라 거달 부텀 틱기이셔 십식이 되미
부인이 기운이 부젹후드니 오식 구름이 집안얼 들늣고 향뇌 진동하
더니 이역후여 옥여 탄싱후니 얼골이 빅옥갓고 거동이 비범혼지라
손가온듸 검주로 셔기시듸 틱평셩모르 후여 거날 몽수얼

P.4

싱각후여 왈 일홈얼 셩모라 혼다 셩모라 졈졈 주라나 칠시에 이러
러 시셔얼 녕통후고 말소릐 영모후니 부인이(삭제되어 있음) 푸다.
헝진비틱난 스름이 셩셰라. 부인이 우연 득병후여 빅약이 무효로
다. 시상얼 버리신이 소졔 이통홈과 강노 실험후며 칭양치못홀닉
라. 션산이 안중후고 가즁 범빅을 듀즁후야 득힝후며 노비덩을
은해로 부리니 강노 드옥 사상후드라. 소졔 졈졈주라 니셔 십오

P.5

셰이 이러러 소오이 병셔와 육도삼약얼 공부하며 월후이 말타기와
활소기얼 공부훈이 졍강노 거 거동얼 보고 소졔다려 일너왈 여주듸
여 여공얼 공부치 안이후고 중슈이 훈난 공부을 일어이 너이 쉬견
을 아지 못훈겻후시니 엿주오듸 엣 당나라 상묵이라훈난 사람언
비록 여자로듸 칼얼 즙고 젼중이나가 흉젹얼 쉬멸후고 공후 일홈
얼 쳔츄이 유젼후듸 거후 사람이 거러다 안이후여사오니 엇지

여자 힝살만ᄒ여다가 닉 두얼 엇지

P.6
감당하오렷가 ᄯᄒᆞᆫ 소여 남동싱업삽고 부모뒤얼 뉘가 오렷가 ᄯᄒᆞᆫ 심즁이 품언 일도 만ᄉᆞ온이 아분님과 이말유치ᄆᆞ오셔. 졍공이 소졔 구던 마엄얼 알지라 말리치 못ᄒ고 소졔하난 거동만 보고 깁즉 만ᄒ시드라 각셜 잇젹이 황졔 종쳡 양귀비 오릭비 득춍ᄒ야 믹양 구법얼 속기고 아리 빅셩얼 도탄케 ᄒ기 졍공이 믹양 그러ᄒᆞ드라 이젹이 양경이 믹즈얼 졍공젹이 보닉 쳥혼ᄒ거날 졍공이 헛치이 닐ᄒ고 믹픠을 물니치니 믹픠도릭가 거 연고로 골ᄒᆞᆫ티

P.7
양경이 되로 왈 닉 맛당이 졍공 졔이스로 쳥혼ᄒ기 ᄒᆞ리로 ᄒ고 기흘 싱각드라. 이젹히 안눔 교지국이 반ᄒ여 국ᄀ물은 ᄒᆞᄉ 황졔 되경ᄒ여 만조빅관을 모와 양경 쳘반쥬와 싱승 졍유는 지모아 지략이 월익ᄒ오니 급피 픽초ᄒᆞ읍고 도젹을 졔수ᄒ시고 언즉일 발송ᄒ실고 이젹이 쳥원슈 ᄉᆞ언 ᄒ직ᄒ시고 언금을 줍고 집빅 돌ᄋᆞ와 소졔을 위로왈 ᄂᆞ는 불

P.8
힝이 젼즁을 당ᄒ여신니 닉신ᄒᆞ 되여 어지 ᄉᆞ양ᄒᆞ리 조금도 염여 믈고 집인을 다ᄉᆞ리나 닉 회환을 기다리라 ᄒᆞ되 소졔 부친 말슴을 실품이 칭양업시나 염용되왈 혈마 부친도 짐작어사온이 위국갈츙

ㅎ와 슈이 회한ㅎ압소셔, 졍원슈 소졔이 쓰질아난지라 다시 기유치 아이ㅎ고 셔로 이별ㅎ고 쪄난이라. 이젹이 양경이 젼즁이 가시러 ㅎ오니 망극흔 졍이 칭양업건이와 형타얼 엇지 흔든치 아이ㅎ신 ㄴ잇가

P.9
직검 흐혼ㅎ오며 곳 황상기 듀달ㅎ오며 혼인얼 디상ㅎㄹ 거시오니 싱상언 허혼ㅎ옵소셔 졍원슈 분연 디왈 사람이 남이 신ㅎ되야 겨모얼 모르고 국법얼 이갓치 조롱ㅎ난야하고 미픠얼 좃차보리는지라. 각셜 졍원슈 소졔얼 이별ㅎ고 시싱겨이도라 싱변이 쉽지못홀쥴 아는지라. 비록 여즈 몸이나 지모 유연흔이 날얼 싱각말고 몸얼 안보ㅎ야 죠상향화을 쩐치말나 쳔힝으로 도라오기얼 기

P.10
다리라 ㅎ고 발졍흔졔ㄹ이지소. 지 부친얼 이별ㅎ고 망극흔 마엄을 이기지못ㅎ여 이모리홀 쥴 모로다가 문뎟 흔 씨을 싱각하야 노복얼 불러 사람만이 모와 여려 디문 열고 시쟝얼 리이 돈 셩문안이 빈소얼 츠리놋코 이리ㅎ라 ㅎ고 숭신얼 갓초와셔 셔로 곡셩별 상식하리라하고 유보와 시비 옥소이만 다리고 니당이 드르가 즁문얼 즘구고 종젼얼 비멸키ㅎ라 ㅎ엿드니 과연

P.11
셩상쎠난뒤 일만의 양경이 져이 아들다리고 히ㅎ야 여려 사람니

시즁을 빅이거날 닉 문활 이집은 졍강노젹이 안이양 강노 즁관 업신들 이듸지 늘 듀흔양 ᄒ니 여려 사름 답왈 졍강노 젼장의 기시고 집안이 흉ᄒ기로 집 실로 밧치고 시종얼 보ᄂ이다. 양경이 왈 강노 비록 셩고이 가사오나 집이 아직 소져 거실이 노앗거든 엇지 감히 시종얼 빅히리요. ᄒᄃᆡ 사람더리 친연ᄃᆡ 왈 이듹 소져 부친 이

P.12
별ᄒ고 이지 홀 곳시 업셔 듀야인동ᄒ시다가 슈일젼이 기시히기고 듀즁이 업난이다 양경이 말얼 덧고 ᄃᆡ경실식왈 닉 졍셩 소망 허실 로다. 거러나 닉진위을 쳐탐ᄒ리라 ᄒ고 밀위 ᄒ여놋코 시비등얼 불러 이ᄃᆡ 소졔 어난얼 별시ᄒ여난 양ᄒᄃᆡ 시비등이 울며 왈 강노 임 쩐난 삼일 만이 소졔듀야이 통ᄒ실가 부연득 병ᄒ야 별실하오 미 엇지 차목흔 경승을 발ᄒ오릿가 ᄒ며 실퍼통곡ᄒ니 양경이 ᄒ일

P.13
업셔 집얼 도라가드라 각셜 이젹이 소졔 양경이 거동얼 보고 분흔 마암얼 이기지 못ᄒ야 심즁이 은신ᄒ야 병셔와 즁갹얼 공부ᄒ드라 이쩍ᄂᆞᆫ 츈삼월이라. 틱즈가 압셔 환즈강문츙얼 드리고 마을풍경 얼 귀경ᄒ드니 이곳 귀경언 강노 집동산 건처라. 마춤 바롬기이 독셔ᄒ난 소리 덜니거날 고이ᄒ여 환즈 물이치고 호얼로 빅히ᄒ며 거 소릭을 쳔담ᄒ며 즁원밋틱 빅히ᄒ드라. 문듯 홍운이

P.14

둘너사 몸이 절노 날니며 강노 즁원안이 인난지라 틱자닉렴이 신기얼 여기시고 좌우얼 살피온이 단연 사랑동망이 등촉이 영롱홀 시 옥갓흔 션여 소복얼 입고 초하이이지ᄒ여 육도습략과 쳔문도얼 공부ᄒ여 거가라싸운듸도와 요조훈 거동언 삼츈즁여 즁이 엇듬일 으라. 틱즈마음이놀나와 션각ᄒ듸 닉쳑편 군즈편언 여즈이걸이 어날 여즈몸이듸야 병셔ᄂᆞᆫ 실노 고이ᄒ도다ᄒ고 돌ᄋᆞ가

P.15

기울잇고 저 거동얼 보드라. 소졔 병셔를 얻고 ᄃᆞ니훈후 츄원 탄왈 나난 무삼 팔자로셔 부모양위 쳔이 길거온고 거동얼 보니 처믓ᄒ고 령남 이몸이 쥬의 명얼 도모ᄒ야 유돌달길즁얼 이듸이 션하고 어지흘지 엄난고ᄒ며 팔즈얼 한탄하며 눈무울 비오듯 헐이 화업얼 젹서 개왈 젼장에 가신 부신얼 언졔나 상봉ᄒ흘하며 닉일언 난엄 ᄉ 져릭 가셔 지

P.16

셩어로 발원ᄒ리라ᄒ고 시비얼 불너 황초 픠빅얼 단속ᄒ드라 어젹 이 틱즈언 산ᄒ야 소졔 거동얼 살펴 소이 넘넘한 거동이 쳔ᄒ조와 얼 가진난지라 틱즈 싱각ᄒ듸 이안 경강노 엿자로다 닉 결단코 황숭 기쥬하고 ᄒ옵고 틱비얼 간듹ᄒ리라 훈다. 거러나 닉일언 관음사가셔 소졔를 힝얼지업ᄒ리라 ᄒ고 직시 화풍ᄒ야 유모와 시

P.17

비얼 불너 이러러 ᄒ시고 졍소졔 힝ᄎ얼 살필나 이젹이 졍소졔 시비얼 다리고 관음사로 힝ᄒ거날 티ᄌ 또흔 여복어로 환복ᄒ고 시비얼 다리고 이날 관음사로 차자가니 졔싱이 합죵비릭왈 소졔 난 뉘집 힝ᄎ 온지 아지 못ᄒ거니와 누지이 용임ᄒ시닛가 시비답왈 듀셩공젹 소졔압드니 부친임지로 하야 발젼코져 왓난이다 ᄒ니 노셩왈 졍ᄀ노젹

P.18

소졔도 부친임위ᄒ야 왓건이와 소졔와 갓탄 졍곡잇더니ᄃ ᄒ니 쥬소졔 짐직 탄왈 거소졔 이 졍곡 날 갓도다 믄ᄂ 실공ᄒ나 노셩이 위로 ᄒ드라 쥬소졔와 졍소졔날 다갓치 발원코져 왓다ᄒ니 함기 발원코져 ᄒ노라. 노셩이 졍소졔얼 보고 쥬소졔 졍곡 셜화ᄒ고 셜로 싱면ᄒ물간쳥흔이 졍소졔 쳥필실허왈 시상이 ᄯ흔 날과 갓튼 사람이 어딕 잇든가ᄒ며 내도 졍곡얼 득고 셔로 보

P.19

고 실푼마엄얼 위로 코져하노라 ᄒ니 노셩이 반기왈 쥬소졔 졍곡얼 일반이오 이 지셩어로 발원ᄒ야 소원얼 미루소셔 ᄒ고 직시 불젼이 나어가 분향ᄒ고 듀 소졔얼 쳥흐 각각 시비얼 다리고 좌즁 후이 듀소졔 눈얼 드러 졍소졔얼 살피보이 틱월한 풍칙와 늠늠ᄒ 기상이 사름이 졍신얼 놀ᄂ난 질 쥬소졔왈 노셩이 말삼얼 더르니 낭ᄌ이 졍곡이 날과 갓도다.

P.20

부친임이 젼즁의 가서 소식이 젹조ᄒ압기로 실푼마엄얼 이기지솟ᄒ야 불젼이 발원ᄒ야 부친임위 위로코져 왓ᄂᆞ이다ᄒ니 졍소졔 지리 탄식왈 니른 팔ᄌᆞ가 구ᄒ야 십사젼이 모친얼 이별ᄒ고 다만 부친만 바티오든이 ᄯᅩᄒᆞᆫ 황명이 지즁ᄒ야 부친언 말이 젼즁의 가시고 실로 몸이 어질할고 지업사와 불젼이 자셩으로 발원ᄒ와 부친임셩ᄒ오의 슈이도라 오시기얼 바티압난이다

P.21

ᄒ고 셜로 실푼 졍회얼 위로ᄒᄃᆞ라. 듀소졔졈갓지지안지면 소졔 옥슈얼 잡고 만든졍희얼 살화ᄒ난ᄃᆞᆺ하티 졍소졔ᄂᆞᆫ 조곰질니ᄒ난 거동이 읍드라 이러구로 황혼이 되야 각각지얼 지일로다 목탕이 모욕ᄒ고 불젼이 나가 비러왈 싱이 분명 졍낭즈얼 드부러 빅필이 된ᄃᆞ 궁거든 금젼이 방즁의 나러옵소셔ᄒ며 검견은 든지니 반공이 소셧다가 방즁의 나려지난지라. 듀생이 신통이 너기사 ᄯᅩ 검젼얼

P.22

잡고 츄원ᄒ여왈 황상임셔 양경짤로 간틱ᄒ여시니 양시 물니칠가 ᄒ며 검젼얼 쓰지나 검젼이 여러분 이치다가 문밧긔 나려지난 지라 쥬소졔 신기이 넉이츅얼 쳔즁의 나가 셩공ᄒ고 슈이도거오시려ᄒ 거든 검즌이 방즁의 나려지소셔ᄒ고 검젼얼 올나나 검젼 방문 밧긔로나려지난 지라 ᄯᅩᄃᆞ시 도츅직이 ᄒ고 독츅왈 이 몸이 비록 여ᄌᆞ오나 어

P.23

릴 쩍부텀 병시어 공부ᄒ야 사오이 부친유ᄒ야 젼장이 나아가 셩공ᄒ시려ᄒ거든 검젼이 방즁이 나려지소셔 ᄒ고 검젼얼 쓴지니 검젼이 노피 올나다가 방즁이 나려지난지라 소졔 일변 질기며 독축ᄒ며 왈 일호난 다시 흠흔일 업고 심즁이 먹언 마암ᄃᆡ로 ᄃᆡ거라 ᄒ거든 금젼이 방즁이 쓰러지소서ᄒ고 쓴지니 금젼이 니ᄎᆺ니ᄎᆺ치 방즁잇

P.24

쓰러진지라. 소졔 일비일히하여 물너나오니 듀소지와 형미 츅사 엇듯ᄒ오잇가 길훈이 송반닐론소이다. 쥬소졔 다시 외로왈 니난다 팔자오니 너무 실흐 마옵소셔 답왈 우리 팔즈 슈이 함화ᄒ여시니 ᄃᆡ강 말즘얼 통ᄒ거니와 져난 다름이 아이라 쳐도 약관 자신 잇다 ᄒ여시나 말이 젼즁이 가시고 단흔 쳡신니 의지 홀곳이 딍연ᄒ오니 가련ᄒ고 ᄆᆡ인ᄒ지 안이ᄒ오릿가 ᄒ며 셔

P.25

로 건화ᄒ드니 흔 노셩이 맛츰 드러위시며왈 졍원슈 젼조이 기피 문니와시니 니ᄂᆞᆫ 주이컨 건심니로다ᄒ니 졍소졔 ᄃᆡ경ᄒ여 겁피이러나 듀소졔 싸려왈 져이 부친님 젼즁이가 픠하여 소싱 존망얼 아지못ᄒ오니 망극흔 말슴을 엇지 칭양ᄒ리요 ᄒ고 기피 탄식ᄒ고 이별ᄒ니 엇지 실푸지 아이ᄒ리요 쥬소졔 이후 슝봉ᄒ물 당부ᄒ고 셔로 쓰나 집어로 도라오니 잇ᄯᅥ 졍원슈 ᄃᆡ문울 양주지경

P.26

모릭이러러 시분사화 영픽하면 난 귀 젼즁이 일홈언 황트딕일 통고리만 혁도리 쳘이즁이사상언 범갓탄 즁슈라 아무리 지모가 유별흔들 당하리요 삼식만이 약간 즁수얼 거나리고 틱양 도유진흐니 잇셔 황졔 거조 죠을 보실 딕경하여 만조빅관을 모다이 노하고 식엇드흔 일원 쇼연니 츌반듀왈 소즁이 비록 직조 업사오나 젹병얼 파하고 졍유를 구하리닉 모다 보니 니는 주흔 즁군

P.27

즁원포라 황제 딕찬왈 직이 삼만딕병과 용즁 백여명과 빅목환얼과 인금 츄시고 직일 발힝하라하시니 원푸즈언 하직하고 물니와 직얼 힝슌하야 여려 날만이 젹진의 다다르니 수복흔 젹병이 졍원슈얼 틱양도이 갈듀음살하니 비록 귀갈과 공즈비라도 당지못할 닉라 각셜 잇셔이 졍소졔 깁피 집이 도라와 마엄얼 칭양치 못하여 아무리 홀쥴얼 물로니 비몽간이

P.28

노셩이 드러와 이로딕 니난 국가이 겁피이조모이 잇고 또흔 거듸 부친이 경각이 잇신 듯 하니 낭즈난 겁피가 구하라 마련 낭즈지빅 잇시딕 시속사람이 모르고 마티 둔직오릭라 거마얼 타고 갑쥬와 칼얼 낭즈집이 지목하이 무쳐시니 겁피 츠즈 딕공얼 이루소셔 하거날 씨다르니 남가일몽일지라 신기히 너기고 즁드얼 불러 왈 말을 잇난딕로 모라 더리라하니 명한딕로 겁피 불얼 발키고 츠릭로

모라드리

P.29
라 호령ᄒᆞ디 소인이 마판이 말이 업난이다 또 분분ᄒᆞ며 왈 말이
다시 업난 양 ᄒᆞ니 종들왈 ᄒᆞᆫ 필이나마 시디 병이 더러 볼거시
업서 부리지 못한 지 여려 히듸얀 나이다. 소제왈 거러 홀지라도
모다 모라드리라ᄒᆞ니 층두 직시 말얼 잇걸고 왓거날 보니 거동이
최미하야 몸이 쫑이 무슈이 무치고 두 눈얼 깜고 쓰지아니 아이ᄒᆞ
난지라 이말언 보디 졍강노이 쳥츈이 사신갓

P.30
뎌라 오난 길이 완셍이 지닉드니 이 말이 강노님얼 보고 커지
소릭얼 ᄒᆞ며 싸러오건 거말을 잇거러왔더니 오릭 지인닉 ᄒᆞ여
점점 자라나 슈첩ᄒᆞ야 누어 드니 눕고 어지 안이 ᄒᆞ기로 발이
두어드니 이날 거 마리 눈얼 쓰고 소릭ᄒᆞ며 소제얼 보다가 커기
소릭ᄒᆞ여 두귀얼 쫑거리며 두눈 가온딕 불이헐너 보돈 ᄉᆞ름이
다바로 보지못ᄒᆞ고 두져기온딕 푸런ᄒᆞ기 소사나이 비복뎡이 놀닉
드르 소저 그

P.31
지야 마암이 흐락ᄒᆞ여 비복등으로 조금 무얼디여 거말 몸얼싯귀고
다시 보이 신즁이구쳑이요 사족언 범갓고 갈기ᄂᆞᆫ 칠젹이요 몸언
푸르니 즐거며 덩이 슴틱셩이 빅귀시며 허리이 쏼건 졈 칠셩이면

이 빅이거날 소졔 거동얼 디히하여왈 이 말언 삼틱칠셩마로다하고 모욕ᄌ개하고 졔무을 가초와 유목하이 시ᄒ고 유시차 모연모일이 손여셩모난 일월셩신씌 비나이다 부친임알이 젼즁이가 셩공

P.32
과 사싱존망얼 아지못ᄒ여 미일노 츄원ᄒ옵드니 탑ᄒ이 듀문이 와사오니 사싱다사식이 도모이 위틱ᄒ옵고 쏘흔 문즁이 일가친척 업고 다만 닉몸 ᄲᅮᆫ이라 변복ᄒ고 젼즁이 나가 쳔히어로 싱젼ᄒ며 나라 사직도 밧드라 부친을 구ᄒ오묘 평싱 소망을 풀가ᄒ난이다. ᄒ고 지얼 파하고 졔ᄒ이 엎드리 것이 얼마ᄒ여 일진광풍이 이러나 노셩병역이 진동하드니 사결말으셔

P.33
초이 요묵ᄒ이 난디업단 반셕드러나며 금자로 분명이 싀기거날 나ᄋ가 보니하여 시디 쳥승모지탁이라하여 쎠날고 반셕얼 열고보 니 과연 황금갑쥬와 칠쳑장검이 아거날 마음이 황홀하야 갑쥬얼 들고보니 두엇자 상용이 엄씨르 기운얼 통하고 등의 황검디ᄌ로 ᄉᆡ이시디 츙이지비라 하엿드라 소졔질거運 마암얼 이기지 못하여 갑쥬와 칼얼가지고 드러와 비속 등얼 불러 왈 너희 등언 쳔기얼 누셜말고 닉 비록 여ᄌ로디 분얼이

P.34
거지 못하여 이졔 부친 기신고셜 차ᄌ 사싱간이 아지 못홀지라

부친 늘 셜치말고 닉 도라 오기얼 기드리라ᄒ고 젹일 말힝ᄒ고 쇠머리익 황금모진ᄎ고 울시고 몸익 용인갑얼 입고 손익 칠쳑장 검얼 즙고 허리익 보조 등을 ᄎ고 삼삼틱칠셩마우익 두려시 안조시니 거동이 넘넘하여 쳔신갓드라. 비복등이 일변놀나고 일변 만겍ᄒ야 말유치 못ᄒ고 눈무얼 헐이며 젼송ᄒ더라. 소졔 마얼 노와 치얼 힐훌ᄒ니 쳔ᄒ강순이 눈압픠 지나ᄀ드라. 슈일만익 ᄒ 곳이 드드르니 여려 사람이 모여 이로딕

P.35
졍원슈 틱양도익 가치여 소싱이 경각익 잇고 졍병츙원포도 감히 드르가지 못하고 진문 잡고 잇드 ᄒ그날 소졔 딕졍ᄒ여 발노 원초진익 변긔갓치 드르며 크기 소릭ᄒ여 왈 이진이 뉘진이라ᄒ난요 ᄒ여 밧비 열ᄅᄒ니 원표ᄀ딕왈 딕구구안변니 니리이와 거딘는퓨 엇더흔퓨사름이관딕 금히 ᄂ무진익 드르오며 문는듯 ᄒ니 소져 딕로왈 소즁언 딕ᄀ구안변이며 엇지 진문 즙고 시졀얼 보닉ᄂ요 원포딕왈 거딕는 진시 은보ᄅ 젹을 흔결진히 유지경셩이 졉견

P.36
ᄒ리요ᄒ고 젹진얼 슬핀후익 졉젼ᄒ딕ᄅ ᄒ딕 소져왈 수문중은 겁피 진문얼 열ᄅ ᄒ니 원포진문을 열고 인도ᄒ거날 소져 바로 장딕빅오ᄅ 원포얼 본 이원포딕왈 즁군은 어딕 기시며 유리 겁피 드르와 문는잇가 소져 딕왈 ᄂ는 쳔ᄒ익 무ᄀ긱이랏도홀 드르니 졍원슈 피ᄒ여 딕양도익 싱시급ᄒ다 호딕 틱양도로 ᄀ 젹젼병얼

물리칠고 쳔ᄒᆞ을 국코져완노라 ᄒᆞᆫᄃᆡ 원포 위셔왈 즁군언 아직못ᄒᆞ
엿도다 이지 젹진듕이 면즁찰억원이오 군ᄉᆞ빅만

P.37
니라 ᄒᆞ오니 ᄃᆡ젹보와 젹병하오매으로소이다. 소져 이셔왈 좌우은
염여말고 ᄂᆡ뒤얿 다르니라하고 북을 울이며 군ᄉᆞ를 호령ᄒᆞ니 각홈
셩은 쳔지 진동ᄒᆞ고 기치 참검언 일월얼 가리왓드라 잇ᄃᆡ 일통고리
진문얼 비퍼든 신변화결을 치드니 문 듯 군이 급피 어르오믈 보고
커기 위셔왈 ᄃᆡ국병이 진실노 어린아히로다 ᄒᆞ고 져근 군ᄉᆞ조
왈 ᄒᆞ야 진얼 든속ᄒᆞ드ᄒᆞ고 일통골이 진장도로가 ᄒᆞ야 크기위여왈
ᄂᆞ난 웃드흔 즁소 ᄃᆡ관ᄃᆡ ᄂᆡ진얼 가미 침노

P.38
ᄒᆞᄂᆞᆫ듯 원포 ᄃᆡ왈 우리ᄂᆞᆫ ᄃᆡ국 구안병이로ᄃᆡ 느히 등언 쳔병얼
거사리고 흔가 강포ᄒᆞᆫ만 밋고 츤ᄒᆞ로 요른ᄒᆞ기로 ᄂᆡ쳔명얼 밧ᄌᆞ와
너희등얼 쉬멸코져와시니 너히ᄂᆞᆫ 솟키 나와 명얼 밧치라ᄒᆞᆫᄃᆡ 통고
리 ᄃᆡ로하여 좌슈이 팔ᄌᆞ용을셔고 우슈이 국쳑창금얼 덜고 진문
밧기 나서며 ᄃᆡ질왈 너희등언 쳥츈소연이라 젼즁이 오기두렵지아
이ᄒᆞ든양ᄒᆞ며 칼얼 날여 호통ᄒᆞ니 소지 거거동얼 보ᄃᆞ가 ᄃᆡ로ᄒᆞ여
맛자와 기운을기

P.39
엄흔이거 용잉언 츈숨월 지비갓고 엄슉흔 그동 단산 밍후갓드라

소지 기운얼 가드듬아 당치 못ᄒᆞ여 피코 ᄒᆞ드니 일통고리 호통얼
빗역갓치 지러며 즁장얼 몰이니 소저 투고 말ᄒᆞ이 지난지라 소지
디경ᄒᆞ여 졍신얼 수십지 못ᄒᆞ며 기운을 도도와 칼을 날여 통고얼
통고리 투고 말ᄋᆞ이 나려지는지라 통고디 질식ᄒᆞ여 공듕얼 소소올
ᄅ 본진얼 도라 가난지라 소졔 진즁이 힝힝ᄒᆞ다가 느리 져물미
본진을 도타보니 잇씩 쳥운도ᄉᆞ 젹진즁이셔 됴화 무

P.40

궁ᄒᆞ난 지라일젹 쳥운이 머무드니 일 통고리 범승흔 사름한 알고
츠즈와서 미도ᄉᆞ 기특기너기 육도솜약과 쳔문꾀략얼 가르치니
직조 무궁ᄒᆞ난지라 일일언 통고리 도사기고왈 시졀이 요른홀터인
이 젼즁이 나어가 명공하슐고 흔디 도ᄉᆞ 위로 왈 거디는 아직
쳔시가 머러서니 씩를 기드리라 흔디 일 통고리 듯지 아이ᄒᆞ거날
도ᄉᆞ ᄌᆞ툰하며 쏘흔 심편얼 바리지 못ᄒᆞ여 홈씌 싸라가ᄌᆞᄒᆞ니
이날 양진이 소홈얼 보고 통고리 ᄯᅳ르 일르 왈 넌도라

P.41

갚드지 업ᄃᆞᆫ양하며 ᄒᆞ나리 너ᄀᆞ튼 즁슈얼 닉 시이 반드시 씩가
인난지라 하고 잠말말고 마진한날과 홈씌 입잔ᄒᆞ여 쳔시얼 기다리
츌지 하명을 토다닉너얼 싸라와 양진얼 귀졍ᄒᆞ난 빈는 닉느얼
위ᄒᆞ여 왓드니 닉마얼듯지 아니히 져고 통ᄒᆞ로러. 진즁얼 슬피니
쳔승옥여셩 졍기가 진즁이 드러이ᄉᆞ 삼틱셩 옹이 ᄒᆞ야시미 미심
즁이 놀닉 드니 오날 거즁슈을 슬피보니 인간 ᄉᆞ람이 안이라 그

P.42

즁슈탄 말언 쳔츅산실영이 슈연젼이 업달트니 졍영실영이 화ᄒ여 말이 되연노ᄅ 거갑쥬와 칼얼 인간에 입는 보갑이니 이 범인이 아닌 쥴을 가히 알지라. 너는 부졀업시 젹쟝을 되젹지 말고 날과 ᄒ가지로 도라ᄀ 때를 기다리미 오흘가 ᄒ노라 통고리 대로ᄒ여 왈 션생언 건심치 마려시고 닉일은 사함얼 귀경ᄒ옵소셔 만일 사와 셩부룰얼 결든치 못ᄒ그든 홈기가ᄉ이다 ᄒ되 도ᄉ왈거르며 닉일 언 출진ᄒ여 느 평싱용연얼 드하여 거 즁슈

P.43

얼 엄슬ᄒ되 좌우젹진얼 쳐ᄒ문ᄌ하고사오다가 겁니도라오라 만 일 ᄌ쳐ᄒ며느얼 드시보지 못하리라 ᄒ며 빅번 당부ᄒ니라 잇ᄯ 졍소져 본진의 도라와 통고리의 용역을 칭츈ᄒ며 명일은 ᄉ싱을 결단ᄒ야 군졍얼 도어 그 원슈로 갑푸리라ᄒ고 이날 젼영에 소지 되즁기치얼 진문 밧기 시우고 진젼에이셔며지조얼뵈양ᄒ니 늠늠 ᄒ거동 단포포ᄒ기상언 쳔즁션관이ᄒ강ᄒ 듯 ᄒ드라 일통고

P.44

리 즁군의 분부왈 오날은 단졍코 승부를 결단홀거시니 비록 날이 져무러도 징을 쳐 군을 거두지 몰나ᄒ고 진얼구지지키라 단속ᄒ고 진문 부밧기 니셔며 커기시여왈 작일 사호든 즁슈 ᄲᆞ이나와 셔로 미결ᄒ 승부를 결든ᄒ자 ᄒ난 소리 쳔지 진동ᄒ드라 소져 셩셩옥 슈로 칠쳑 즁검얼 놉피들고 빅호 운갑을 입고 말얼 지쵹ᄒ여 우리

가튼소리로 병연가치 지러며 커기구져왈 너다오량

P.45
키 텬시를 모로고 감이 부도를 범ᄒᆞ미 늬쳔명을 밧ᄌᆞ와 너를 베혀 텬하를 평정코자 ᄒᆞ나니 고기를 느리어 늬 칼을 바드라 통고리 소왈너는 뉘집 졋먹는 ᄋᆞ히완ᄃᆡ 당돌이 어룬을 수욕ᄒᆞ며 죽기를 자취ᄒᆞ니 너의 쳥츈은 앗가우나 군법은 ᄉᆞ정이업슴으로 용셔치 못ᄒᆞ겟스니 가히 흔흡도다 언파의 마져싸와 삼십여합의 통고리 정신을 가다듬어 칼을 늘여 반공의 더지니 소졔 몸을 기우려 피ᄒᆞ고 다시 몸을 소사와 보검을 늘여

P.46
일통고리를 치니 투구가 마하이 써러지나는지라 통고리 황겁ᄒᆞ여 소리를 지ᄃᆡ며 번긔 가치 달여드니 거날ᄂᆡ 용밍언 비홀셔 업드라 일노ᄒᆞᆫ비 일일은 소저 두엇기이 승용니 기운얼 통ᄒᆞ며 오초마로 두지비 푸른안긔ᄌᆞ옥ᄒᆞ며 적진 즁졸 두릐ᄌᆞ니 도ᄉᆞ 중ᄃᆡ이 보다가 ᄃᆡ경ᄒᆞ여 ᄃᆡ즁기치얼 두르며 통고리얼 부르니 통고리는 용밍만 밋고 의긔양양ᄒᆞ드니 이역ᄒᆞ억 안기 ᄌᆞ옥ᄒᆞ며 통

P.47
골이 진즁에 둘어 지척을 분변키 어려운지라 통고리 정신얼 분별치 못ᄒᆞ니 거지야 도ᄉᆞᄒᆞ든 말슴얼 싱각ᄒᆞ고 말머리를 돌이여 본진으로 햐ᄋᆞ더니 소졔 적쟝에 뒤를 짜르며 꾸지저 왈 적장은 가지말고

늬 칼을 바드라 ᄒ고 칼얼 썬진이 검광이 빗늬며 통골의 머리
검광얼 쪼츠 짱이 쓰르지거날 소지 통골 모리 칼것틱 쒸여 들고
좌츙우돌ᄒ니 젹진 즁졸이 황황분쥬ᄒ드라

P.48
잇셔 쳥운도ᄉ 통골이죽엄얼 보고 ᄌ탄ᄒ드라 도ᄉ 구름얼 타고
쳥운산듕어로 향하난지라 소지 거동을 보고 칭츈얼 마지안이하더
라 소지 기운니싱싱ᄒ여 카얼 덜고 츔츄며 싱각하듸 실로 기이ᄒ
명즁니로다하고 본진어로 돌라오든니 문 듯 젹진즁이 방조일셩하
고 한즁슈 늬닷거날 모다보니 신즁이 구쳑이요 얼글 먹장갓고
호통소릐난 쳔지진동ᄒ더라 양집 즁졸이 졍신니 황홀ᄒ고 누얼드
려 보지 못

P.49
ᄒ드라 소지 바릐보니 이거양양ᄒ여 발얼 노와 늬달아 사홈얼
도도와 젹즁이 왈 소장언 쳔ᄒ명ᄌ 만학도리라 이런 하회야 늬셩
명얼 듯지못하엿ᄂ야하며 좌슈이 황검이요 우슈이창들두루며 마
ᄌ사오니 빅혹지싱이 밥얼닷토난덧 상용이 여이쥬얼 다토난 덧
사션이니러나며 안기ᄌ욕ᄒ여 지쳑얼 분별치못홀늬라 셔로사와
팔십여합이 셩부얼 결단치 못ᄒ련이 소저 몸얼 솟와칼로 학돌얼
막아며

P.50

오르니 만학도리 쏘흔 모얼 소슈와 더르오난칼 막어며 공듕어로 올라 창어로 소저얼치어 소저 말ᄋ이나려지ᄂ지라 거 말니 압발로 소저 바다올이거날 소저 졍신얼 수셥ᄒ여 다시 호통하며 달여더르 사온이 소저 탄 말이 소리얼 지러며 압발로 젹즁이 가삼차니 젹즁 질식ᄒ여 쌍이 엎드리거날 소지 칼얼 날여 만흑돌리 머리얼 비히 든고 이기양양ᄒ여 진젼이 횡횡흔이 젹진즁족리 아낫리할쥴로 모ᄅ드라 쏘흔 젹진즁슈 쳘

P.51

니츙이 용밍이 유열ᄒ고 조화무궁흔지라 잇써 즁운 분분ᄒ되 젹 즁슈ᄂ 범숭흔 즁슈안이라 ᄂ 거 즁슈얼 용밍을 슬지보니 거 얼골 이 비상ᄒ고 거 말언 젹토마리 비홀ᄂ라 아무리 역발순기기시라도 거즁슈ᄂ 즙지못홀거시니 ᄂᄒ난되로ᄒᄅᄒ고 거 샹얼 보니 분명 기상이라 ᄂ일 수홈얼 결단할시니 염여말라ᄒ드라 소지 마승 조현 이 안즈 동어로 가난 듯 셔장얼 비히고 남흐로 가난 듯 북즁얼 비히고 무인지경갓치 임어

P.52

로 힝ᄒ여 뒤질와 젼진듕이 뉘넝히 날등 홀직 이거든 쌀이나와 카얼 바다라 소직 희락ᄒ여 현ᄉ 빅옥을 이치난듯ᄒ여 여러 분 진되ᄒ니 젹진 듕이 엉신츌마 ᄒ난직 업ᄃ 잇써 일락셔시ᄒ고 월츌동영ᄒ미 본진어로 도라오이 모든 즁졸다 원포 치ᄒ분분ᄒ드

라 익일 평명이 젹즁 쳘이츙이 엄양팔괴진얼 치고 수갑영ᄒ여
답쥬작현무와 쳥용 빅호며 시비신즁얼 용진ᄒ여 둔신둔갑

P.53
쥬얼 입고 좌슈이 삼쳔검얼 들고 우슈지미셩장얼 잡고 황시을 타고
진문얼 커기열고 진밧기나셔며 ᄃ질왈 직일셩질ᄒ든 즁슈놈야 썔
이나와 ᄂ칼얼 바드ᄅ ᄒᄂ 소ᄅ 흔슈가 친리쵹ᄉ이 무너쥐난
듯 ᄒ드라 소져 엉츌만ᄒ여 ᄃ질왈 이ᄀ탄 놈을 엇지 살이두리요
은자ᄒ이 칼을 들고나셔니 쳘이츙이 ᄂ달ᄅ 사홀 시 양진이 ᄂ다
ᄅ난 즁슈ᄂ 공듕이 번기 갓고 말굽언 분부ᄒ여 미로젹술ᄂ라
양진 장졸니 모다 바리

P.54
보드니 팔십여흡이 쳘이츙이 가만이 십이신즁과 쳥용빅호며 듀즉
현무와 육졍육갑을 부러 좌얼 엄호ᄒ고 몸얼 날여 치비ᄀ치 당즁어
로 올나 무산소리ᄒ니 십이신즁얼 뒤얼 쫓즈 더로올 육졍육갑언
압플막아 쥬즉현무ᄂ 동서남북으로 침노ᄒ야 사롬 졍신얼 힛키ᄒ
니 소져 ᄃ경ᄒ야 말머리얼 둘ᄂ 본진어로 가려ᄒᄃ 능히 갈곳시업
고 흑운이 마촌ᄒ야 눈을 쓰지 못ᄒ고 속질업

P.55
시 죽얼지라ᄒ고 졍신얼 가다덤아 칼얼 압푸로 후다리면 셩각ᄒᄃ
부친얼 다시 보지 못ᄒ고 또흔 ᄂ몸이 남ᄉ와 다런지라 죽난다

ᄒ여도 분ᄒ고 졀통ᄒ고 말을 엇지 다ᄒ리요 하고 방천탄식ᄒ이
소져탄마리 오릭 듯든이 소릭 크기지러며 두왕로 쌍얼 쑤다리며
사방얼로 씨오더니 두기이 안지숏사며 소릭얼 지르드니 텬지 진동
ᄒ고 쳥용비호며 십이신중과 육갑육경이

P.56
며 쥬작형무 초릭얼 긋고 일시이 능히 터지난지라 거말이 거지야
번기 갓치 달여더러 젹즁의 탄 말얼 무러 틴든이 젹자ᄋ의 말이
압주로 덥드리거날 쳘이츙이 졍신이 아득ᄒ야 미츠 슈줏얼 놀이지
못한지라 거지야 쳔로이 칼얼 들고 젹즁얼 치니 쳘야 소져 졍신얼
진졍ᄒ얀 일츙이 광음얼 조르나려지ᄂ지라 인ᄒ여 일진 강풍니
니르나며 운무 ᄌ옥하드니 구텩즁신니 칼얼 줍고

P.57
통곡ᄒ며 쳔즁어로 오르니 가득이 운무시사호 업난지라 소져 기히
녁이고 거 젹즁이 둘얼 말기 븟히 보닉고 직조얼 자량ᄒ며 진즁이
횡횡ᄒ고 이셩셩훈 허리난 츈즁이 시우ᄌ고 요요ᄒ 얼굴언 조로마
지 모란화 갓더라 젹진장졸니 딕경ᄒ여 아모리 홀줄모로드라 소져
호통일졍이 진명얼 항복왓고 즁딕이 놉히ᄋ ᄌ구ᄂ얼 호령ᄒ니
즁젼고딕군얼 모라 셩진국얼 울니며 이

P.58
기양양하더라 각셜 이젹이 젹즁 황토리 십만딕병얼 거나리고 틱양

도이 졍원슈얼 쳡쳡 위와ᄉ고 황군얼 부수고 엉ᄌ로ᄒ니 문뎟
흔 군ᄉ고하듸 츌쳘업난 장슈드르와 쳘이츙이 반ᄒ고 도듸 일통고
리 거 람장얼 슌석간의 쥐고 듸군얼 항복밧고 닐 기쎠드려은가하
오이 겁지 마것소셔ᄒ여거날 황토리 듯고 듸셩ᄒ여 삼틱진얼 친
머리이 황검투고얼 시고 멀이 바릭 보이 양국장죨언 간듸 업고
듸국 쟝죨만 가득

P.59
하거날 황토리 죽시 격셔을 져ᄒ고 진츗기 나션이 신즁니 잘쳑이요
몸언 단산밍호 갓드라 소지 소릭웅즁ᄒ야 쩡이 쎠지난 덧 하드라
쟝원슈 션봉이 듸여 오다가 분연 듸질 왈 부도흔 젹즁은 드르라
이 듸약국 즁죨얼 삽업시 다듁어시이 너는 무산 지조로 감히 멀로
당젹하랴 듀지렵시 죽엄얼 지촉 말고 일젹나와 황복ᄒ라 ᄒ고
마ᄌ 사울니 슈합이 못ᄒ여 황토리 칼이 반즁이 빗ᄂ며 원포 머리
공

P.60
등이 나려지난지라 잇쩍 소져 수군이 잇다가 즁원포 죽음올 보고
듸경질식ᄒ여 겁지 호통얼 지려며 왈 젹장갓티 닉 장슈얼 죽이고
셩쳔입신ᄒ고 나여거늘 황토리 바릭보이 멀골이 형승갓고 말소릭
신수즁이 연화갓드라 양진 즁죨이 와릭보니미간니 쳔지조화얼 품
언듯ᄒ고 거동이 쳔승션여 갓더라 황리 보고 위셔왈 너얼보니 아직
쳥츈소여라 젼중죽엄ᄒ기 앗

P.61

갑도다 엿걸이 들여시되 단지 활얼 복지로 하고 방즁지복얼 보절 ᄒᆞ다ᄒᆞ시니 왈 일부르가 몸쥭얼 본존ᄒᆞ라 소저 이말얼 듯고 되로 하여 왈 칼츔츄며 달여드러졉견ᄒᆞ니 황토리 마리 사와 십여여흡이 소저 용밍언 밍호갓고 황토리 기운언 비용갓되 여진직 젹슈라 슈십여흡이 승부얼 결단치 못ᄒᆞ드니 쏘흔 황토리 더욱 셩셩ᄒᆞ드니 잇써 ᄂᆞ리 임미 져문지라 황혼니 되엿난되 소저가 미훈 씨얼 싱각 ᄒᆞ고 짐직 다라나드니 황토리

P.62

겁짓다라오난지라 소저보다가 쳘장이뇌견얼 마아시니 황토리 밋 ᄎᆞ못ᄒᆞ여 홍당얼 마즈 마ᄒᆞ이 쎠르지거날 소저 마음 드옥 씌ᄒᆞ여 바로 젹진얼 웃칠달여드르 좌츙유돌ᄒᆞ니 뉘능히 당ᄒᆞ리요 젹진 즁졸이 황황ᄒᆞ여다리와 황복ᄒᆞᄂᆞᆫ지라 조서 츙얼 두르며 진군얼 부르니 군ᄉᆞ시엉셩하고 드ᄅᆞ오니 웅즁훈 ᅡ거동니 비홀 써 업드라 소지 지즁이 분부ᄒᆞ여ᅥ 왈 양국즁졸얼 줍아 나령ᄒᆞ라 훈되 직군니 일시이 결박ᄒᆞ여

P.63

드르거늘 쳘공방졀ᄒᆞ여 왈 너히놈얼 다 죽얼거시로되 살이보니 ᄎᆞ후난 범남훈 쓰실 두지말라 훈되 양국장졸이 무슈이 치ᄒᆞᄒᆞ드라 이젹이 소지 본국즁졸다 고향어로 도라오릴ᄉᆞ 차릭로 공얼실고 셩쳔고얼 울이니 거 엄슉한 거동이 천지 진동ᄒᆞᄂᆞᆫ지라 이젹의

양즉지군은 도라가 양하기고왈 즁ᄒ고 두렵드니 다ᄃᆡ국군한병이
족주명즁얼 슌신간이 벼히고 만군즁이 황ᄒ리요 거 용ᄆᆡ언 것긔
업드니다 만일 본

P.64
국이 드르오며 양국이 시도 남지 안이ᄒᆞᆯ거시니 겁지 도망ᄒ옵소셔
ᄒᆞᄃᆡ 양황과 만조지신니 말얼 듯고 황황ᄒ여 아무리 ᄒᆞᆯ쥴얼 모르드
라 이젹이 모스 즁공처리 츌반듀왈 국가 이미 불히ᄋ여시니 말일
드ᄃᆡ면 황얼 당ᄒᆞᆯ거시니 슈이 황셔얼 가지고 항복ᄒ사이다ᄒᆞᄃᆡ
양황이 ᄒᆞ일업셔만조빅관얼 거ᄂᆞ리고 지경이 나윈ᄃᆡ후ᄒ리라 잇
ᄯᅥ 정원수 여러 달 젹진 즁이 사이셔 명이 좀이 잇쓰니 양황 항복

P.65
간다 소식얼 듯고 마엄이 질겨ᄒ여 왈 이지난 사람고향이 도라가
우리 황상얼 보압고 조상향화르 밧들고 젹연기리든 ᄌᆞ식얼 보리다
ᄒ고 장슈 차자자 오술 기다리더라 더밧기이 젼소연 ᄃᆡᄒ이압픠와
지비ᄒ고 보그날 정원슈 빅슈 풍진이 눈물얼 헐이며 실혀왈 조즁
은 지조 용열ᄒ여 ᄃᆡ공얼이루지못ᄒ고 쏘ᄒᆞᆫ 황승얼 싱각ᄒ니 엇
지 ᄒᆞᆫ심치아이오며 싱젼이 고향 도라가지 못하고 잇ᄯᅡᆼ이 죽임면치
못ᄒ기 ᄃᆡ엿드니 쳔만이 즁순 구조ᄒ섬물 입여 즁명얼 보존ᄒ여

P.66
본국에 돌아가셔 부모와 ᄌᆞ식 승봉ᄒ기 ᄒ니 거언히얼 엇지 만분지

이리나 갑푸리요 ᄒ며 양협이 흐르난 눈물 검치 못ᄒ거날 소저 거말삼얼 듯고 일히일비ᄒ여 좌우얼 물이치고 부틴을 븟들고 딕셩통곡왈 여식졍모난 부친 위겁ᄒ물 듯고 즙관 남ᄌ딕여 젹진얼 파ᄒ고 거간 기리든 부친 일시로 셜치ᄒᆯ슈업셔 불초ᄒ와고ᄒ고 부친얼 위호고지ᄒ여 사오이 보국망 부친 안심ᄒ옵소셔ᄒ고 소지도 눈물얼 검치 못ᄒ야 직언ᄒ그니ᄒ니 졍원슈 거말얼 듯고 딕졍질식ᄒ여 이억히 말얼 못ᄒᄃ가 졍신

P.67
얼 진졍하여 다시 보니 비록 남ᄌ 이복얼 환역ᄒ여시나 얼골니 분명ᄒ난지라 거지야 손얼 잡고 궁거ᄒ며 딕셩 통곡왈 이기시 쑴인야 싱신인야 쥭어 져신이 완난양 사라육신이 와난양 쑴이 거던 ᄭᅵ지말고 혼이거든 흠ᄭᅵ 가ᄌ하며 빅슈이 흐런ᄂᆫ눈물이 검치 못ᄒ고 소지 몸얼 아ᄂᆫ너그만 조상향화을 엇지하여시며 네어딕가셔 말과 갑듀와 카얼 어딕가셔 어더시며 양겁하믈 그지ᄒ고 국각사직어 안니그키하기 실로 쑴갓탄 지라 엇지 셜츌장치아이ᄒ리요 나난 시운이 불길하여 젹진이 잡

P.68
지 이고시 쥭기만 바릭고 쥬야셜허ᄒ며 너도ᄒᆫ 모친얼 여리고 다만 이빅만 밋고 자란타가 닉 ᄯᅩᄒᆫ 이리와 너얼 싱삿ᄒ니 분명 쥭엇도다ᄒ고 드듁 비츠츌터니 마참 ᄒ나리 지시ᄒ여 이러와 분여 승봉ᄒ여시이 이지나 쥭어도 무삼ᄒ니이시리오 ᄒ고 밤이 맛도록

셔로 춤ᄒᆞ든말얼 셜화ᄒᆞ니 동방이 임이 발가오난지라 소저부친기 ᄒᆞ직ᄒᆞ고 지촉얼 감추고 일 발힝하더라 각셜 황지 졍유얼 젼장이 보ᄂᆡ고 소식얼 듯지못ᄒᆞ여드니 ᄯᆞ밧기 원포부즁니 신쳔ᄒᆞᆫ 쳡셔얼 올리거날 황지 길거 문얼리탁ᄒᆞ니 ᄒᆞ여

P.69

시ᄃᆡ 원슈 졍유은 빅여즁슈도압고 황졔 탑ᄒᆞ이 오르이뇨이 달젹이 근기이 쎠져 위겁ᄒᆞ여 삽기로 완조쳔리 ᄒᆞ즈얼 삼아 졉젼ᄒᆞ다가 원조인 도젹이 죽사압고 츌쳐 업난 소연ᄃᆡ장이 더러와 필마 단장어로 양국 병장 사인을 죽이압고 약국얼 항보밧고 거기 셩명을 이리 지안이ᄒᆞ고 간곳셜 모롱은ᄃᆡ 소즁 셩젼하온후이 양국 빅셩 진무ᄒᆞ고 회즉ᄒᆞ압기로 셩달ᄒᆞ나이다. 황지와 지신이 듯곡 질겨하믈 마지아이ᄒᆞ드라 이젹이 상이 원조 리군즁얼 불러 왈 거 장슈 용밍언 엇

P.70

드ᄒᆞ던양 문즁이 쥬왈 거즁슈 용밍언 쳔ᄒᆞ이 범갓탄 즁슈로ᄃᆡ 슌식간이 혼칼로 벼리들고 억만 군즁이 무인지경갓치 회횡하드니 인ᄒᆞ여 간곳지 업사오니 이난 반다시 쳔상사람이요 인간사람이 안이로다 ᄒᆞᆫᄃᆡ 황지 이말얼 더러시고 칭춘닉리 ᄒᆞ시고 직일 ᄃᆡ연 히셜ᄒᆞ고 츌젼지장얼 ᄎᆞ리로 상사하실ᄉᆡ 상이 친이 상얼 더러 철ᄒᆞ시니 기위엄이 횡양업드라 각셜 잇젹이 틱즈 소지얼 이별ᄒᆞ고 마음믹 잇지 못ᄒᆞ드니 마춤 원슈 싱쳔수믈일 보시고 질거ᄒᆞ여

가만이 젼지 만

P.71
드라 소지기 보닌지라 니션여얼 불러 분분ᄒᆞ듸 정소저 기붓치라 ᄒᆞ듸 션여 젼지얼 가지고 졍강노듸이 더르가이 소지 젼즁이 갓다가 드라 온후로 엿일을 싱각ᄒᆞ이 마음미 울젹ᄒᆞ여 심사 둘듸 엄난지라 ᄆᆞ츰 쥬소지 젼지왓거날 써여 본이 ᄒᆞ여시듸 관음사이셔 거듸 셩엄닐ᄌᆞ관포심회얼 타지못ᄒᆞ고 이별ᄒᆞ거시 직검가지 호일러니 검변싱견ᄒᆞᆫ쥬문얼 보니 거듸 부친니 도젹얼 잘고 복셩얼 건져다ᄒᆞ오니 이난국이다힝이요 거 듸컨복이로다ᄒᆞ며

P.72
다시 만ᄂᆡ 기리든 화얼 셜화코져ᄒᆞ오니 나난 날이 회포얼 기로ᄒᆞ다고 하며 귀듸언 집반이 조용ᄒᆞ고 외인출입시 안이ᄒᆞ니 거고졀 가셔 다시 만ᄂᆡ 졍회얼 셜코져ᄒᆞ나이다 ᄒᆞ엿더라 소저 겁지이 히답ᄒᆞ여 보닌지라 이젹이 틱ᄌᆞ회답얼 바다보니 하여시듸 소저 돈슈ᄒᆞ고 소져기 글을 올이나이다. 강엄사젼일 회포얼 다치못ᄒᆞ문 지는 일반이라 셩은어로 셩젼ᄒᆞ엿ᄃᆞᄒᆞ오니 ᄂᆡ 말 길거오미 층양업사오나 형제 즙간 누가이뮴이 ᄆᆞᄒᆞ시물 말슴ᄒᆞ오니 여젼외 츄렵실로 난치하오니 형직난 깁피싱각ᄒᆞ

P.73
옵소셔 ᄒᆞ여거날 틱ᄌᆞ 밤덜을 지긔쳐 슴경후이 신여얼 다리고

여복얼 환칙ᄒ고 강노딕이 가드니 졍소지 거소식얼 덧고 소져 오시믈 듯고 문밧기 나와 마즐ᄉ| 셔로 어니ᄒ고 옥슈줍아 반기면 닉궁어로 드라가 졍얼셜화ᄒ니 거 언흔 졍을 엇지 다 말ᄒ리요 밤언 깃고 인젹언 고요ᄒᄃᆡ 소져 드리 안즈 고검을 셜화ᄒ며 몯닉 닉여여하드라 쥬소져 눈얼드러 졍소지얼 보니 옥갓탄 셜슈 황용이 운즁이 반월 갓티여보와 갈서록 세량이 졀로난ᄂᆞ듯 틱즈 소져

P.74

다려 즈약키 슈작ᄒ다가 틱즈 탐탐흔 츈형얼 이기지 못ᄒ여 밤이 맛도록 셔로 셜화ᄒ다가 틱자 소지얼 보고 비방ᄒ여 왈 엇지 왕국 얼 화유치 아이ᄒ고 져딕지 송극흠언 익선이린잇가 소지 답왈 부친이 말이 젼장이 가시고 소식이 돈졀ᄒ오이 무삼실거흠미이며 화복얼 일히학하리요하며 얼골이 변ᄒ니 거거동이 셜인ᄭᅵ화아춥 이실엷ᄅᆞ벅은듯하드라 졍소지 미양듀조지 뜻 ᄒ로 함얼 쎠러드니 두소지 여러 날 동거쳐ᄒᄆᆡ 심젹흔졍이 졈졈

P.75

깁지 드욱 갓흘 말이 업고 형제갓치 셔로 사랑ᄒ니 졍소지 니지야 닉말슴얼 낫낫치 셜화ᄒ니 틱즈 이말얼 마음미 불안ᄒ여 여려 날 유슉하미 졍언 졈졈 집져가고 넉기 만닉물 른른ᄒ고 쥬소지 왈 닉 여려 날 유속ᄒ나 미은하여이다 졍소져 딕왈 형지 이런 말슴은 ᄒ난잇가 지집 비록 가난ᄒ오나 부족흔거시 별로 업사오니 건심치 마옵고 유속ᄒ옵소셔 드르니 무안ᄒ여이다 흔ᄃᆡ 틱즈 소왈

형지 말슴은 이러ᄒ오나 소지마엄이 엇지 젼ᄒ리요

P.76
ᄒ시고 불너 왈 유모얼 불너 왈 황검 일쳔양과 비옥 병ᄒ셴과
비단 일쳔질과 산호픠와 올난갑사 단질 가지오라ᄒ니 유모 직시
더가 딕주왈 이는 닉졍얼 포ᄒ나이 소져난 물니치지마옵소셔 소지
딕왈 닉집도 비단 보빅 수슉이 잇거든 엇지 나무 보빅얼 바드리요
ᄒ고 물리쳐 ᄒ여왈 옥패와 산호픠은 어딕셔 오연딕 일졀 덧츠오
시니 모르남 비단은 남국물가오 딕히기운이 얼켜 황검 갓탄시리
나란이 거져힌 빗질므와 닉여거 비단얼 짠거

P.77
시라 일홈을 셔촉단니라ᄒ믹 이러무로 히마중한질녀 지조한다ᄒ
오니 쳔주황후나 입사니드 거 밧기 뉘라도 입지못ᄒ다 ᄒ오니
형지난 어딕 이런 보빅은 어든잇가 하며 이비단언 물에 너혀도
젓지아이ᄒ고 불의 여허도 타지 아이ᄒ니 쳔하의 기이혼 보빅라
거르오나 지난 졍미얼 지흔지 오릭오니 국감얼 엇지 입사오릿가ᄒ
며 도로가져가소셔ᄒ며 밧지아이하이 틱주소지로 더부러 슈작ᄒ
다가 임미 밤이딕미 각각

P.78
침셕이가더니 잇썬난 츈슴월이라 월싀언 병낭한딕 풍경소릭 분명
ᄒ여 사람이 졍신얼 시시로 니간ᄒ난지라 잇 썬 졍소지 빅셜갓탄

몸이 거 멈이 더라나고 요조흔 튀도난 월석얼 조흥ᄒᆞᄂᆞᆫ지라 쥬소지 짐직 졍소지 겻틱 안ᄌᆞ얼로 만져며 몸어로 흔틱 되여 히롱ᄒᆞ니 정소저 줌얼 ᄭᅵ다러니 옥엄얼 여려왈 형지 나를 이딕지 사랑한이 여ᄌᆞ 힝실ᄒᆞ이라 원컨딕 침셕어로 가소셔ᄒᆞ고 잘얼 덜퍼니 튀ᄌᆞ 소왈 나난 여ᄌᆞ가 안이라 곳 튀ᄌᆞ로다 거딕 둑

P.79

힝이 극진 유명ᄒᆞ고 빅티 지비 ᄒᆞ닥고 소문이 낭낭ᄒᆞᆫ고로 ᄂᆡ마음이 가둑ᄒᆞ야 즘간 잇쳐건이와 츅방기아이 부귀 무궁훌거시오 젼장ᄋᆞ가신 부친도 슈이 만ᄂᆞ니글거시니 요양경이 원슈도 갑출거시니 조검도 마엄얼 기리지 마옵소셔 한딕 소저 이말얼 듯고 얼골이 ᄶᅡᆯ거셔 친검얼 무러오시고 오릭 말얼 못ᄒᆞ다가 졍신얼 진졍ᄒᆞ여 변싴딕왈 ᄂᆡ 비록 여자몸이라 조그만흔 ᄯᅴ이 쌔져 이러한 욕얼 당ᄒᆞ니 분흔 마음 측양업건이와 세상이 용납지 못홀 몸이 되여시이 이런

P.80

분흠을 어딕가셔 설치하리요ᄒᆞ고 치엄흔딕 튀ᄌᆞ 위로왈 임미 천정이 되여시이 너무 실허마르소셔 위로ᄒᆞ니라 이격이 튀ᄌᆞ 시비 불러 왈 여복얼 화쳑흔이 이월갓탄 즁치난 사람이 안광이 놀ᄂᆡ난지라 졍소저 고기얼 죄기고 분흠을 쥬지아이ᄒᆞ이 튀ᄌᆞ 마엄니 민망 위로왈 낭ᄌᆞ난 엇지 분하무로 이갓치ᄒᆞ난요 ᄂᆡ 마얼 단단드러소셔 이지 다런 곳셔 졍혼ᄒᆞᆫ비 업고 ᄯᅩ흔 튀비되면 낭ᄌᆞ 소원얼 홀거시

오 또흔 양경이 원슈도 갑풀거시오 젼즁이 가신 부친도 슈이 만닐 도록 하올리이 여ᄌ 디여

P.81
이만 길거온 어디 이셔리요ᄒ며 만단어로 위로흔이 졍소지 승각흔 니 심신무간한지라 다시엄 웅디 바로 티ᄌ난 국가 건본이라 일시이 간사한 씨얼 디여 나얼 넝시즁화갓치 디졉ᄒ시이 엇지 분홈이 이시리요 도흔 슈즁이 쳐ᄌ 몸이 디여 이런 욕얼 당ᄒ고 살기얼 바리리요하면 부산면목얼 태자미시기얼 바리리가 ᄒ며 분한 마음 얼 푸지아이ᄒ거날 티ᄌ 만단어로 위로왈 과도이 실허ᄒ면 사람이 셍ᄒ난이 부디 안심하옵소셔ᄒ고 건포영극과 칠보치이얼 드리며 잇기

P.82
얼 고흔디 소지 더욱 닝닉ᄒ며 입지아이하이 틱자 졍식왈 니 마땅 이 기셜할 도리이시리라ᄒ며 기싴이 노ᄒ시이 소저 문흔 즁이로디 황공ᄒ여 화환얼 다시더리니 엄요디왈 거곡비록이러ᄒ나 자고로 좋은 마런 문밧기 나지 아이하고 악한 마런 멀이나늘닷ᄒ니 초야 빅셩이 엇지 부거럽지 아이ᄒ리요ᄒ며 신첩얼 연옥반기야 시유지 로 원치아이ᄒ오니 틱ᄌ난 일시 노타마라시고 집지 쳐분ᄒ옵소셔 ᄒ고 침실이 도라오니라 이지 틱ᄌ 직시이 환궁ᄒ야

P.83

황상기문안하고 졍소져 말삼얼 듀달ᄒᆞ니 황상 더러시고 히락ᄒᆞ시며 직시 ᄒᆞ교ᄒᆞ여 왈 졍유 ᄯᆞᆯ이 덕힝이 씸직ᄒᆞ다하이 틱비얼 간퇵ᄒᆞ라 ᄒᆞ신ᄃᆡ 있ᄃᆡ 양지비이말 덧고 마음 미양ᄒᆞ여 황숭기듀왈 신쳐비 족키로 틱비얼 간퇵ᄒᆞᆺ비오린지다 엇지 경신ᄒᆞ시난닛가 황상이 소왈 니난 틱ᄌᆞ 구혼한비라 엇지 물이치리요 하시다 이러구로 혼일얼 당ᄒᆞᄆᆡ 졍소져얼 검등이 모실ᄉᆡ 삼쳔궁여 다칠보단장ᄒᆞ고 이단얼 갓초와 이길나라 황상과

P.84

황후얼 빈온ᄃᆡ 길거하시미 비할ᄃᆡ 업드라 ᄒᆞ시고 빅관은 만시얼 부러더라 황졔 거동얼 보고 크기 칭찬한이 양귀비난 마어이 앙앙하야 비치홀 쓰겨두드라 일후난 졍비로 양귀비로 ᄃᆡ졉ᄒᆞ고 틱ᄌᆞ 졍비을 사량하여 비홀ᄃᆡ업드라 이져이 졍비 틱ᄌᆞ 길거왈 만일 부친이 오시면 양경이 모희얼 등 ᄒᆞᆯ거시이 일노 염여ᄒᆞ나이다 한ᄃᆡ 거난 조금도 검심치 마옵소셔 하더라 잇ᄯᅥ 양경이 싱각하ᄃᆡ 졍유 ᄯᆞᆯ이 죽여다 하더니 쳔만이우이 태ᄌᆞ 틱비가 ᄃᆡ여신이 엇지 두렵지 아이

P.85

ᄒᆞ리요 우리ᄂᆞᆫ 필경이 졍비 손으 죽얼거시니 실로 분하고 흔심치 안이ᄒᆞ리요 한ᄃᆡ 양경이 아달니 ᄃᆡ왈 일젹 도망하시다 ᄒᆞ고 양귀비얼 더부러 모희하기얼 익논하드라 졍소지 틱비딘 숨식만이

잉틱하여난지라 양귀비 싱각ᄒᆞᄃᆡ 만일 황ᄉᆢᆼ얼 나어면 사량 더욱 듕홀거시니 소지 치사ᄒᆞ리ᄅᆞ 흘길얼 싱각더라 이젹이 양귀비 황용단 흔질을 가지고 졍비궁얼 드러가 일느왈 황지기 압셔 용포얼 지어라 하시ᄃᆡ 슈중이 넉넉지 못ᄒᆞ여 가져 와사오니 기릅다

P.86
마르소셔 졍비 ᄃᆡ왈 졍리 교ᄃᆡ로 하오리다 직시 용포얼 짓더니 양귀비 도라와 귀달 비언 ᄒᆞ쥬로희가 안즈더니 마ᄎᆞᆷ 비연이 틱즈궁얼로 나오거날 양귀비 집직 문왈 졍비 무엇하더야 ᄒᆞ니 틱비연지 ᄃᆡ왈 용포짓더이다 양귀비왈 틱자 이직귀 용포 실ᄃᆡ 업거늘 용포진 난쎠진 알슈업다 혈마 벽나믈한 쓰셜 두릿가 ᄒᆞᄃᆡ 황지 이말얼 더러시고 치염 양귀이왈 환줄로 틱비검 틱자로 부러라 하신ᄃᆡ 양귀비 집직 말유 왈이일얼 셩사ᄒᆞ오면 직즈되사될거시니 뒤얼

P.87
살피소셔 엇지 부자가 장유ᄒᆞ오릿가ᄒᆞ며 왈 틱즈 젼셩이 일후하드니 건일 틱비치흔후로 죽엄면하시니 무삼길이시릿ᄀᆞ 뉘얼 참어소셔 황지 양귀비 쇠견얼 칭창뷰리 ᄒᆞ시고 더욱 사량ᄒᆞ시더라 니후로 황지 틱즈와 졍비 불셩황공ᄒᆞ더라 졍비난 이런듀얼 모르고 용포을 지여 지ᄒᆞ기 울이라 ᄒᆞ고 신쳡얼 쥬오니 거허무리 신쳡이 인ᄂᆞᆫ귀 황공모지ᄒᆞ여이다 상이 더러시고 ᄃᆡ로ᄒᆞ여 직시 용포를 소화하시다. 이젹이 졍비

P.88

이소식얼 덧고 커기 건심하더라 일일언 황상이 두시얼 차지니 양귀비 신여얼 이려ᄒ라 ᄒ고 양귀비 더러가 황상긔 구구한 무삼 말솜 속더라 상이 노ᄒ여 더듸무로 칙망하시니 귀비 치엄양이 고왈 드시 틱자와 무삼말솜 하다고 귀방어로 가미 감혀 뭇지 못ᄒ고 왓난이다 ᄒ듸 상이 듯고 듸경하여 왈 이말이 어인말고ᄒ며 신여얼 불너 두시얼 차ᄌ라 ᄒ듸 신여 틱ᄌ궁어로 가난치하다가 도라와 고왈 두시 틱ᄌ 불너 무삼 말삼얼 수약키ᄒ다가 두문불츌ᄒ고 비고 누어시미 황공

P.89

하여 감히 엿잡지 못하여이다 황숭이 듸로 왈 일은 놈이 망측한 죄얼 지여시이 늬 맛당이 죽이라 하시니 귀비 듸경하고 주왈 엇지 조그만ᄒ 일얼 살피지 못ᄒ여 다런 써 지이시리요 황ᄌ 짐엄ᄒ시고 틱비얼 자속키너기더라 일날 젼 듯 두시더러오니 황상이 변식 듸왈 두시 마얼이러시니 심히괴이ᄒ도다두시니 이말 덧고 황공하여 머리얼 쪼 와 죄얼 청ᄒ이 상이 분얼 주지안이ᄒ지라 두시 침셕이 도ᄅ와 눕고이지아이하드라 잇 써 큰이달일 황상이 심히

P.90

사량하더랴 우연 득병하야 죽엇미 귀비가 만이흔 쇠얼 늬여 입비도 약얼 엿고 붓덜고 통곡왈 황숭이 바로지 못ᄒ여 졍비 신쳡얼 미여하여 쳡이 지로 무친흔 늬 ᄌ식얼 죽이시니 엇지하여야 원슈

얼 갑풀고하며 가삼얼 쭈다리며 기졀ᄒᆞ니 황승이 ᄃᆡ로ᄒᆞ여 직시
언츰사로 입이 여허보니 과연 기도약하여난지라 상니 ᄃᆡ경ᄒᆞ사
궁즁시여얼 다 자바 ᄂᆡ 궁문ᄒᆞ시이 이난 다귀비익기 무얼머언지라
일시이 하니 왈 엄영지하이 엇지 직교치아이ᄒᆞ리요 과연

P.91

ᄐᆡ비궁이 기미 양더런 직 졍비 원망ᄒᆞ여 황지ᄃᆡ 왈 모칙얼 하드니
이러ᄒᆞᆫ 변이 이사오니 엇지 망격지아이하리요 ᄐᆡ비 이말얼 듯고
가삼물 쭈다리며 통곡왈 지하난 셀지치 못ᄒᆞ나 익명 ᄂᆡ자식이
미쳐시니 엇지 원통치 안이ᄒᆞ리요 하며 무슈이 통곡ᄒᆞ니 황ᄌᆡ
외로왈 흉악ᄒᆞ연얼 일시로 두리요마난 임이 ᄌᆞ식얼 가지다ᄒᆞ니
깃피 엉안ᄀᆔ이 엄ᄒᆞ라 분분을 엄ᄒᆞ기ᄒᆞᄃᆡ 회슨즉시 쥭이라 하신
ᄃᆡ 황후 이말얼 듯고 ᄃᆡ경ᄒᆞ여 밧은 발 셔이나려 통곡왈

P.92

황상언 요망ᄒᆞᆫ 양귀비이 말얼 듯고 모ᄌᆡ 졍비얼 죽이라ᄒᆞ나잇가
상이 드욱노ᄒᆞ사 황후얼 익격 관이 ᄂᆡ치고 졍비 회ᄐᆡᄒᆞ기만 기ᄃᆞ
리더라 잇ᄐᆡ 구싁이라 머리이 컨카얼 시고 졍신이 가마
득ᄒᆞ야 ᄒᆞ라만 우러러 통곡ᄒᆞ고 무죄ᄒᆞᆫ 말삼얼 ᄐᆡ즈기 셜화ᄒᆞ고
영아궁으로 나려올싀 셔형상얼 차마 보지 못ᄒᆞᄂᆡ라 졍비 영안궁이
나와 쥬야잉 통곡ᄒᆞ며 싱각ᄒᆞᄃᆡ ᄂᆡ 심시견이 모친얼 일별ᄒᆞ고
ᄯᅩᄒᆞᆫ 부친언 말리 젼즁이 가시고 ᄂᆡ로 이러ᄒᆞᆫ 믹명얼 입고 쥭기

P.93

되어시이 이난 부친얼 상봉치 못ᄒ고 속절업시 죽어지면 엇지 절통치 아이ᄒ리요 ᄒ며 허리난 눈물리 화업얼 젹시더라 졍비 츌귱ᄒ 휴로 일편홍운이 궁즁이 두르니여 쳔지 부란하드라 일일언 졍비 쥬검ᄒ고 치일만이 홀연이 몸이 곤ᄒ여드니 옥동ᄌ로 탄싱ᄒ니 옥관이 졍비 싱남ᄒ믈 쥬달ᄒ이 황ᄌ 화교왈 황손은 ᄂ궁어로 더리고 졍바난 사약ᄒ라 ᄒᄃ 틱ᄌ이발듯고 황근강문창얼 눈쥬어 당부ᄒ이 무창이 나와 평민 펄쳔양어로 빅셩이 짤얼 사

P.94

며 ᄃ슈ᄒ고 알날 이날 밤 심경이 졍열송츙이 여러 도셩문어로 나와 강로딕이 보닉고 졍비 사약하믈 고ᄒ니 임이 황손얼 나려시니 후릭로 장사ᄒ리라 황후 졍비 사약ᄒ 말 듯고 기절ᄒ이 군즁이 다 눈물얼 흘이드라 강문창이 틱ᄌ기 거 사연얼 듀달ᄒ이 틱ᄌ비 희열검치 못하드라 이적이 졍비 문창이 구ᄒ물이벼 비록 명어 사라시나 편잉이 목셕어로 병싯어로 누워분ᄒ 마엄얼 이기지 못ᄒ니 회엄ᄒ 눈무리 허르더 업시시월노 보닉드라 잇딕 양경부자 졍비 사약ᄒ

P.95

물 덧고 이기 드욱 양양ᄒ드라 황상니 양경이 셔얼 틱비얼 졍ᄒ니 황후난 딕간치 안이ᄒ고 날노 졍비얼 싱ᄒ여 눈물얼 검치 못ᄒ드라 틱ᄌ 졍비얼 잇지 못ᄒ여 일일은 황승기 고왈 검일언 풍경도ᄀ

경ᄒᆞ고 심회도 들고져하나이다 황지 허락ᄒᆞ시니 틱ᄌᆞ 비록 졍강노 틱어로 차가이 틱문얼 장구고 고요ᄒᆞ거날 졈졈더르가이 욱소이 마츰 차로 ᄃᆞ리다가 틱ᄌᆞ 오시물 고ᄒᆞᆫ틱 졍비 혼미즁이 거마을 듯고 틱경질싴ᄒᆞ며 틱지이 손얼 잡고 통곡ᄒᆞ니 틱ᄌᆞ도 눈물

P.96
흘니며 왈 졍비거건이 쥭어시며 셔로 황쳔이만닉 봉가ᄒᆞ여드니 다힝이라 강문ᄎᆞ익구ᄒᆞ무로 사라이시어로 얼 다시보니 더욱 실푼 마엄 칭양치 못ᄒᆞ미로다 졍비 우럼얼 거치고 틱왈 당초 셕방긔야익 부귀도 원치아이하여더니 박복한 이 흔몸이 이러ᄒᆞᆫ 익명얼 당하이 슈젼슈틱이리요 ᄒᆞ며 실허물 마지아이ᄒᆞ더라 틱ᄌᆞ 위로왈 시상만 사가 ᄒᆞᆫ써가 인난이다 도이실허마옵소셔 졍비 더욱 치업왈 닉 묵슘언 쳔힝어로사라나시니 ᄌᆞ식얼 다시 보지못ᄒᆞ신지

P.97
이리한이 엇지 방걱지 아니ᄒᆞ리요 거러나 틱자난 동방화초이 신인 연얼 빗ᄌᆞ시니오족 질거오릿가 틱자왈 닉엇지 신인연얼 조와ᄒᆞ리 요만언 황상이 분부얼 거역지 못ᄒᆞ니 양비얼 취ᄒᆞ여그이와 엇지 양기 당위얼 틱ᄒᆞ리요 거러나 초심치 마소셔 ᄒᆞ고 셕양이 되민 틱ᄌᆞ 궁이더러와 강문창어로 ᄒᆞ여검 약과 시만얼 강노틱이 보닉고 ᄌᆞ로 츄립ᄒᆞ니 군즁이셔 혹 이심ᄒᆞ더라 황후 거영유얼 알고 틱자로 불너 물언틱 틱ᄌᆞ 긔이기 못ᄒᆞ여 본사얼 말삼하이 황후 직

P.98

시 강문창얼 불너 졍비얼 다른 곳이 옴기 죵젹얼 비밀히하라 문충이 수명하고 졍비기 고왈 황후 분부 차 ᄒ오니 급피 거쳐얼 피ᄒ옵소셔 졍비 마얼 듯고 몰닉 겁피 힝즁얼 차리딕 남목얼 환칙ᄒ고 젼일 젼당이 갓든 말과 갑듀와 칼얼 가지고 장삿틱이 위슉쎡이 즘간 피푸리라 ᄒ고 직시 유모와 시비 옥소익얼 따리고 이늘 밤 삼경이 쯔난지라 문충이 션두익 하직ᄒ 그날 졍비 실허왈 경 언히 난 빅골난망이라 일후 홍만구지라도 갑지 못홀가 염여ᄒ드

P.99

니 문창이 위로ᄒ고 연ᄒ슈로익 힝ᄎ 평안이하시물 당부하직ᄒ고 도라오리라 각셜 졍비 빅이 올나 쩌나더니 맛춤 흔직싱이 동션ᄒ여다가 졍비 거동얼 보고 셔로거쥬 셩명얼 통홀시 시랑이 눈얼 더러 졍비얼 보니 진젹 빅옥셜이라 마암이 경이하여 문왈 거딕 뉘집ᄌᄋ며 어딕로 힝ᄒ난요 졍비 답왈 소ᄌ 본딕 경셩 사람어로 부친언 난젼즁이 가시고 익탁쳐 ᄒ여 위슉차ᄌ가나이다 시랑왈 닉이 셩명언 이운츈아러하거이와 엇지 거딕난 셩명얼 가

P.100

러치지아이하난요 졍비 왈 소ᄌ언 구취흔사람이라 부친언 졍공이라ᄒ옵고 쏘흔 누이 잇드니 맛춤 틱비되엇다가 비명어로 죽삽고 동기간 진졍익ᄎ마 견딕지 못ᄒ여 유리ᄒ나이다 이시랑왈 졍강노언 본딕 아달이 업ᄃᄒ드니 져러흔 둘 엇지 아ᄅ시리요 거딕 위슉

언 쓰난져 오릭듸여시이 거긋절 차자가며 낭픠될거시니 동구난 그듸 부친과 죽막고유라 늬 쏘흔 ᄌᆞ식이 없신이 늬집이 가ᄌᆞ ᄒᆞ다가 부친얼 만너니 엇드ᄒᆞ요 졍비 사비 왈 듸인이 이것치 싱각ᄒᆞ시니 부친얼 본닷 반갑고

P.101

감사흔 말삼 엇지 다 셩연ᄒᆞ오릿가 하며 종일토록 검사로 셜화할ᄉᆡ 거 화려흔 마엄과 문중직득이 빗틔직비ᄒᆞ드라 마음 탄보ᄀᆞ고 여러날 동힝ᄒᆞ여다가 임이 시량 젹이 이러러 ᄒᆞ지라 졍셩이 더러가며 풍졍얼 귀겨하더니 경긔졀셩ᄒᆞ여 쳥산이 좌우의 둘너 평풍이 둘너잇고 압픠 종죽니 울울ᄒᆞ고 가온듸 고듁누각얼 기여시되 송졍 팔경얼 역역히 기혀잇고 누쳔이 듸강이얼 어션은 당듸ᄒᆞ고 군산의 달이 쓰고 초산이 ᄌᆞ기비ᄂᆞᆫ 실지 우려직희락ᄒᆞ더라 졍비 마암얼 평치 못ᄒᆞ여

P.102

노상이 비회하며 비회얼 금치 못ᄒᆞ드라 시량이 졍싱얼 듸ᄒᆞ여 왈 나난 본듸 자식업고 다만 흔 ᄯᆞᆯ얼 두어든이 자식과 득힝이 족히 군자의 즉이 될지라 이지 거듸를 보믜 후사얼 젼코져흔이 쓰시 엇드ᄒᆞ요 졍비 이말 듯고 심간이 경희하여 이억키 듸왈 듸인이 말삼얼 엇지 거영하리가마언 불이지쳐흔듸 사름이 졍지라 부친니 슈이 도라오시면 쳥혼ᄒᆞ미 올토소이다. 시량왈 강노 회환이 조만 업고 도로 져의기양이 종종하니 거듸언 노부이 말도 용열타

P.103

말고 구지 사양치 말고 허락하라 정비 시려 왈 디이 말삼이 이러타 같젹한이 엇지 봉힝치 아이하오릿가 사랑이 디히하여 니당이 더러 가 부인과 셜화하고 직시 튁일 하더라 잇쩌 옥소의와 유모의 말얼 덧고 소저 기 언건이 고왈 혼사얼 기루어면 니두사얼 엇지 감당하 오릿가 정비 디왈 이듹 소저 덕횡이 거룩다하니 소지 듁힝얼 시엄 하여 타일이 튁즈 심기 기 근하면 너히등 조금도 염여치 말라 하고 호인얼 당하여 소지 튁즈 주든 산호 옥지얼 압픠 추고 이얼

P.104

힝홀시 졍소제 교비셕의 나아가 눈얼 드러 보니 진실노 요조슉여 라 빅얼 잘하고 이날로 방화초의 검실지구얼 이룰시 셔로 옥슈얼 잡고 침식이 나아가이 거 원낭지낙이야 엇지 비할디이시리 잇턴 날 시량 양위젼이 보오니 시랑언 졍싱이 손얼 잡고 부인언 소저 손얼 줍고 못뇌 질거하더라 졍싱이 소저로 더부러 고검사로 셜화 하다가 언지니 실허하난 듯 하드라 시량 내위 거건젹알고 일일언 졍얼 쳥하여 문황 거디 검실지녹이 부족하이 거디 몸이

P.105

무삼 신병이 잇셔 거러한가 나외지업이 업셔 거러한가 진졍얼 기이 지 말고 셜화 하륵 졍승이 니러 졀하고 왈 소싱이 건본을 난ᄎ치 고왈 자서이 더르소셔 소싱이 팔즈 기구하여 일젹 모친얼 여히고 부친언 말이 젼즁 가시고 일신이 의지할고지 업셔 쳔슈만바릭옵든

니 투티비얼 졍ᄒ옵드니 마지 못ᄒ여 예를 바다 몸이 영귀ᄒ여 만죵 녹얼주니로 가만 심ᄒ여드니 귀비이 춤소얼 입벼 사즁 구싱이 되여 자초얼 감초와 남복얼 환칙ᄒ고 되인이 언히얼 입어 일신얼

P.106

안하다가 도로히 되인얼 쇠기 사온이 망상ᄒ나 죄얼 엇졔 ᄒ사오며 ᄯᅩᄒᆫ 진작 허락ᄒ문 진졍얼 감초와드니 임이 죵젹이 탈로ᄒ엿더니 소지얼 인도ᄒ이 틱주얼 셤기기ᄒ여 ᄒ가지고 들고져ᄒ니 싱각에 ᄒ오니 ᄃᆞ인의 소싱이 거망지죄 용셔하압소셔 시량 닉위 이말얼 듯고 되경황겁ᄒ여 ᄯᅳᆯ이 나려 왈 존비 누지이 용임ᄒ사 소신 ᄋᆞ지 못하여 도로혀 병지ᄒ여사오니 엇지 쳔근 되하오며 소신이 엄혼 쥐얼 용셔하옵소셔 소신도 조정얼 ᄒ직ᄒ

P.107

고 고향어로 도라오고 양경이 간사ᄒᆫ 싱각을 닉여 국가얼 요란키 ᄒ민 벼살얼 ᄒ직ᄒ고 도라와사오나 오릭지 아이하여 삼국시졀이 되거시니 엇지 망걱치 아이하리오 소신이 여식니 틱주얼 셤기오면 이난 소신이 축복이라 엇지 추ᄒ나 염여ᄒ오릿가 하면 직시 여복어 로 더리거날 졍사져 왈 싱인자도 부모요 활연자도 부모라 하였사오 니 임미 되인 이려되귀이 홀ᄒ시이 일후로 부모로 셤기리다 시량 닉위 더욱 황공하여 되졉하물 드욱 걱진ᄒ드라 졍비 소지

P.108

얼 더부러 슈죽ㅎ다가 히롱왈 소지 무삼 말삼으로 부모기 엿즈와 망신얼 탈노키ㅎ난요 이소져 얼골이 쓜거며익기얼 쇠기고 무로히 차물 이기지 못ㅎ더라 이날 졍비 시량 닉위젼이 엿즈오딕 어려셔 부텀 손오이 병셔얼 공부하여 말타기와 활소기얼 일 숨드니 부친이 말리 젼즁이 갓다가 도젹이 죽기 된 소식 덧삽고 감관 변혹ㅎ여 즁슈 되여 졍즁이 나아가 젹즁얼 흔칼이 비히괴 부친얼 구한 휴이 언신ㅎ고 도라와 직검도 마엄이 잇지 못ㅎ여이다 시랑이 이러

P.109

나 졀ㅎ고 졍셩이 이실 써 덧즈오니 엇드흔 쟝슈 더러와 일통고리 만학도리 쳘이총이 황토리 사쟝얼 한 칼이 비리고 젹진이 더르와 억만 군조얼 풀입갓치 씾리고 갓다ㅎ오니 거 진위얼 아지 못ㅎ여 분명 쳔상 신쟝인가 ㅎ여 만조 빅관니 뉘 아니 칭춘하리요 오날도 졍비이 말삼얼 더자오니 즁ㅎ고 황송한 말삼언 칭양 업난이다 소인이 믹양 실허ㅎ난빗난 쥬시 강산이 오릭지 아이할가 염여ㅎ나 니다 ㅎ거날 졍비왈차후난 틱공이 병셔와 손오이 즁약얼 공

P.110

부ㅎ리라ㅎ고 믹양 시랑얼 더부러 슈얼 마시고 동졍호월식얼 귀경 ㅎ여 슐니 만취히면 졍비 이시량일 더부려 슈얼 마시고 동졍호 월식얼 귀경ㅎ며 슐이 만취ㅎ면 졍비 갑쥬얼 가츄우고 손이 쳥검 얼 덜고 삼틱칠셩마얼 타고 조연이 안즈 칼츔츄며 진취ㅎ거날

거날닌 거동이 츈삼우러지비갓고 검광언 츄칠월 변기 갓타며 사람
이 안광이 놀닉난지라 졍비 마흐이 나려 소왈 싱이이도 잇지마옵
소셔 일조이 국가 불른이 지환얼
당흘거시니 늬 맛당이

P.111
양경이 원슈얼 갑고 양귀비이 간기얼 시칠거시니 거시얼 참지 못하
여 보옵소셔 시량 늬위 보고 탄복하드라 각셜 잇적이 양경이 몸이
졈졈 즈라고 후이 거흐미 기교이랍흔마음얼 먹어 검젼어로 이미로
조롱히 츙신얼 모히흐이 조졍이 다 양경이 영듸로 시힝흐난지라
직일 양귀비 틱장으로 셔쥬자사로 삼고 양일츙어로 츙쥬자ㅅ로
삼고 양웅어로 기듀자사로 삼고 양영어로 황쥬 즈사로 삼고 양진경
어로 익쥬자ㅅ로 숨고 졔위 삼촌 원이검어로 병부상셔로 삼고 도독

P.112
어로 겸흐여 뉘이런치셜흐고 무고 불칙한일만 흐듸 황지난 이란
줄 모르고 양경얼 더욱 사랑흐시드라 문 듯 남기억이 고흐시듸
셔쥬양쥬 향쥬 익쥬 등셔로 가다 반흐여 도셩얼 향흐여사오니 명장
쳔여원니요 군사 빅만이라 쏘셔쳔어로 언이 형시 쏘차 함역흐여
물미더시드러오니 복원 황상언 깁피막여소셔 황지 듸경흐사 만조
ㅅ신얼 모와 이논하실ㅅ 차시이 됴신이 다 양경이 젼이라 일시이
합류할 육도가 발흐여

P.113

신이 디시얼 당ᄒ기 어려온지라 황지 진젼ᄒ미 맛당하사이다 쏘ᄒ 양경언 장약니 유여ᄒ오니 디원슈얼 삼고 원이검으로 부원슈얼 삼고 직시 팔십만 디병얼 조발ᄒ미 향ᄒ니 즁군이 되어 힁군 한이 힁군 한이 힁군한 슈일이 셔편단이 다다라 산얼 덩지고 진얼쳐 좌 있디 양츈이 니다라 디호하고 쳔ᄌ덕이 엇셔 빅셩니다 도탄 즁이 더러 셩군 맛니물 원ᄒ거든 니 밧당이 디군얼 기별ᄒ여 왓시 니 박비흥복ᄒ고 위얼 젼ᄒ라 만일 드디면 명얼 도모

P.114

치 못ᄒᆯ거시니 빗비 항복ᄒ라 하고 진젼이 횡횡ᄒ이 샹이 디로ᄒ 여 좌우얼 도라보며 왈 뉘넝히 짐이 문얼 푸리요 션봉즁 양경이 니사왈 슈합비 못ᄒ여집젹셰로 잡피이 부원슈 양원에 겁겁니다라 시나 일합비 못ᄒ여 잡피시니 황샹언 이런 쥬럴 모르고 디경질식하 여 망걱한 분얼 참지 못하여 양흥이 셰시ᄒ여 커기 위여왈 이무도 흔 황지야 젼시니 무도하여시니 썰 니 니와 항복하라 하이 망걱하 여 지신얼 도라보며 왈 지신즁이 뉘 능히

P.115

져 도젹얼 자부리요 만일 져 도젹얼 자부며 쳔ᄒ얼 반분하리라 지신니 간왈 젹시 이러ᄒ이 공슌이 항복하기만 갓지 못ᄒ리;다 황샹 더욱 분하여 안쳔 통곡ᄒ든이 일기 젹진이 좌우로 둘러 사고 엄살하니 거 위겁하미 경각이 인난지라 실푸다 뉘 넝히 구원ᄒ리

눈물얼 허르니 용포얼 적시더라 있디 황저가 적진의 자피물 보고 티지 슈삼기얼 거나리고 벌니 셔 지경하드가 적진 장이 황상얼 쳡쳡위와사고 무슈이 귀욱흐무로 보고 망걱한 분

P.116
을 이기지 못흐여 질마단창어로 적진어로 더러가며 티즈왈 이 무도한 역적 양형아 지걱 귀신이 되어 쳔위얼 모로고 이디지 범죄 흐니 엇지 흐나리 두렵지 아이하리요 나난 곳 티즈로다 적장이 디왈 티자 분흘 마엄얼 두지 말나 황상이 덕니 없셔 우리 쳔명얼 비다 기병흐도다 흐고 츔이 운운하여 트즈로 쳡쳡비 위와사 듀리 쥬기기흐라 흐고 동이 청용기와 셔아아븩호기와 남듀작 북현무얼 거니 칠북얼 울리며 달녀드니 티즈 또 칠븩여흠이 사인란지

P.117
라 티즈 흐날 얼 향하여 디셩 통곡왈 부자 함게 적진이 더러 사싱니 경각이 이사오니 망걱흔 마엄얼 칭양치 못하며 무슈이 통곡하드라 적중이 커기위여왈 황상이 부즈딘이 칠빅여흠이 사이여 칠일은 줄며시니 부근지경얼 알거던 쌜이 황셩얼 황셩얼 셔울니라 하며 이기양양흐니 황상이 듯고 디경 질식하여 커기 통곡왈 짐니 덕이 업시민 하나리 미워흐난리라 하시고 황션노 초급드니 각셜 잇썩 시량득이 이셔 날로 지조얼 공부흐여

P.118
황셩 소식얼 탑지ᄒ더니 문듯 한 사름이 일너왈 육도자사 반ᄒ여 황제와 틱자 젹진이 사이여 칠빅여흠이 드러 칠일얼 쥬리 ᄉ싱이 경각이 잇다하거날 졍비 이말얼 듯고 딕경질싁ᄒ여 시량 닉이 쳥ᄒ여 통곡왈 육도자사 완ᄒ여 황지와 틱ᄌ 격진이 사이여 칠빅 여흠이 드러치일얼 쥬리 사싱니 경각이 잇다ᄒ니 니안 반다시 양경이 소위라 웃지 일시로 지텨ᄒ리요 시량 왈 소신도 한가지로 가셔 황상 위겁홈과 틱ᄌ이 존망얼 구ᄒ며 신ᄒ도리오니 한가지로 가사이다 졍비 이마얼 듯

P.119
고 왈 엇지 흔가지로 가리요 닉ᄒ변 마상이 올나 ᄎ로 한변 히롱ᄒ 며 쳘니 강산이 눈압픠지닉오니 한가지 오시지 마옵소셔 ᄒ고 쏘 소지을 힝하여 왈 이지 황상과 틱ᄌ 소식이 시겁ᄒ다호미 겁피 쓰나가이 거 사이 모실 부지ᄒ라 ᄒ고 직일 힝ᄌ얼 차리 쎠날식 삼틱칠셩 말얼 타고 죄얼 더러 히롱ᄒ니 쳐용이 구럼얼 타고 오운 얼 힝ᄒ난 듯 ᄒ드라 셔편원근얼 물으니 칠빅이라 하거날 마을 노와 거날사시이 셔편단이 다다라 격진얼 바릭보니 츄쳘

P.120
통 갓틱여 황상과 틱ᄌ 칠빅여흠이 사이여 사싱이 경각이 잇다하 거날 졍비 딕로ᄒ여 커기 위여왈 너히난 엇더흔 도젹이간딕 하날 갓탄 ㅏ 황지와 일월 갓탄 칙ᄌ얼 감히 이딕지로 키ᄒ난양 니난

하날 기영얼 바다 쥬시장상얼 구코져왓난이다 지치 말고 쌀이나와
명얼 바치라 하난 소리 양편얼 헌더난 듯 거동이 포포ᄒ여 지비로
도 당치 못ᄒᄂ니라 격진 즁이 셔ᄒᆞᆫ 장슈 언션츌마ᄒᆞ야 디호 왈
너이 황상이 득이 업셔 쳔ᄒᆞ인밍이 무도ᄒᆞᆫ 즁이 더러기로 우리

P.121

명얼 쥬여 너히 황상얼 니치고 만인얼 구커져 왓나니라 ᄒ고 미경
비 디왈 너히 본디 국놀지신어로 임굼이 언히 갑지난 시로니 찬역
지심얼 니ᄒ니 명쳔니 두렵지 안이ᄒ고 양살로 쳘이 잇고 이 사람
이 잇시며 사람미 잇셔야 오륜니 잇시니 군신우이와 부즈 유친이
삼간이 엇덤이라 너히 몸언 오륜을 모르고 이갓치 범남ᄒᆞᆫ 쓰졀
두이 바로 어나와 흥복ᄒ라 만일 더디면 시업시 쥬기라 ᄒ니 양홍
이 디로하여 직시 황검 투고얼 시고 몸이 엄신 갑얼 입고 좌

P.122

슈이 당상검얼 들고 유슈이 ᄒ령기얼 덜고 쳘이 칠셩말얼 타고
달여들거날 졍비 디로 왈 직시 사울시 졍비 츙이 공둥이 벗터ᄒ며
양홍이 탄 말얼 썰어 업치니 양형이 마상이 쓰르져 밋츠 손얼
놀이지 못ᄒ여 졍비 칼이 벗듯ᄒ며 양형이 머리 이하이 나려지난지
라 말기 달고 진젼이 회희하며 디오 왈 젹지니 둥이 감히 나얼
당ᄒᆞᆯ지 잇거든 쌀이나와 싱부얼 결단ᄒ라 하며 좌로 경우 돌한이
셔쥬ᄌᆞ사 양위티 양 흉쳑엄얼 보고 디로ᄒ여

P.123

잉셩 츌마왈 너난 조그만한 아히로셔 츌젼ᄒᆞ기 두렵지 안이한야 오날언 너의 목얼 비혀 양형의 원슈로 갑푸리라ᄒᆞ고 달여들거날 졍비 이지사와 슈홉이 몸ᄒᆞ여 졍비이 칼이 빗늬며 양위틔 머리 마ᄒᆞ의나려지거날 또 말세 달고 더욱 셩쇠ᄒᆞ여 진젼이 드러가며 칠빅여함 헛치고 틱즈 잇는고젹 더러가이 지헐녀 강슈듸고 쥬음이 미갓더라 바로 틱즈 인난고졀 더러가 틱즈로 압픠 지고 나는 다시 오며 좌츙우돌ᄒᆞ니 젹진즁졸니 졍비이 용밍얼 보

P.124

고 모도 황황ᄒᆞ여 또 젹진 듦어로 홍진기력이시 츙쥬자사 양일홍이 겁피 늬다거날 마즈시와 슈십여합이 불결셩복ᄒᆞ 늬렴이 싱각ᄒᆞ와 늬 틱즈로 엽페 ᄭᅵ고 사오기얼 자연 젹즁의 명얼 여틔가지 사러도 다 ᄒᆞ고 칼얼 날여 몸얼 소소와 양일츙얼 치니 검광이 빗늬며 일츙이 머리 말ᄒᆞ의 늬려지난지라 칼츔 츄며 일츙이 머리얼 칼긋틱 ᄭᅵ여 덜고 지조얼 비양하니 이난 밍호 기상이요 위엄언 넘넘하드라

P.125

삼틱 칠셩마얼 풍진이 커기 소틔하며 칠젹 참검얼 일낭 이셔리갓 고 푸런 안기 즈욱ᄒᆞ니 젹진즁졸이 다 눈얼 쓰지 못ᄒᆞ드라 잇써 틱즈 압픠 달니며 졍신이어리ᄒᆞ여 사싱얼 모로다라 졍비 겁피 황진의 도라오니 황상이 보시고 친니 나와 마질시 졍비 업ᄒᆞ고

틱자 모셔온 사연얼 쥬달ᄒ니 쳔ᄌ 겁피 졍비이 손을 줍고 빅비 차사왈 즁군언 뉘신지 모로거니와 죽기 된 나얼 격진얼 구ᄒ고 틱ᄌ얼 살니시니 쥬시강산얼 보존키ᄒ고 이언히 엇지 칭양ᄒ리요

P.126
부디 이얼 다ᄒ여 침얼 도와 쳔위얼 온졀키ᄒ오몀 맛쌍 강산얼 반분하리라 졍비 사운 ᄒ고 직시 발기 올나 격진얼 엄살ᄒ며 희힝하드라 잇ᄯ 기쥬자사 양웅이 용밍이 유열ᄒ고 짐작 과인이라 이말얼 듯고 분얼 이기지 못하여 왈 이리 조만아히 장슈잡지 못하여 진듕얼 요란키ᄒ난양 ᄒ고 직시 언셩츌만ᄒ여 진 밧기 나셔니 신장이 구쳑이요 머리난 표범이 머리요 허리난 고이 허리요 팔언 즐늬비 팔이라 졍비만 바리

P.127
고 디질 왈 무도ᄒ 도젹놈아 너난 쳔위얼 모르고 디젹 무도지심어로 쳔ᄒ얼 불안키 ᄒ이 ᄯ한 역젹이라 황상이 건심ᄒ사 만민이 도탄즁이 잇난지라 너 갓탄 도젹 놈얼 디젹ᄒ기 심히 용열하디 벼르기리로 취ᄒ미라 쌀이나와 흥복ᄒ라 양양엉 디 왈 너얼 보니 아젹 쳥츈 손여로다 젼즁고혼이 디면 거 안이 불상ᄒ가 죽엄얼 악기거든 우리얼 도와 어진일홈얼 죽빅이 오름이 올토다 ᄒ니 졍비 위여 왈 너 갓탄 도젹놈아 너히난 듯지도 못하엿난양 나난 안

P.128

남고지국이 슈빅만젹병얼 흔 칼로 벼히고 졍원슈 구ᄒᄂ든 즁슈로다 하물며 무도한 너히 놈얼 시ᄂᆞ 남기두리요 하며 언파이 칼얼 두르며 달여드니 진실로 양웅 후피샹이라 빅흉이 아러러 불결니라 잇씬 황지와 티즈 ᄒᆞ날기 츅슈하기얼 마지 아이하드니 졍비 두억기 상용이 기운얼 통ᄒᆞ며 삼틱칠셩말 두귀이셔 안기 이러나며 젹즁얼 둘러사이 양웅이 졍신이 망망ᄒᆞ야 디젹지 못홀둘 알고 말머리얼 둘너지코져 ᄒᆞ드니 졍

P.129

비 호통왈 일셩이 몸얼 소소와 양형을 치니 일진 광풍이 이러나며 양엉 머리 공즁어로 소사다가 나려지난지라 졍비 양엉 머리얼 말기이 달고 더욱 셩쇠ᄒᆞ여 사오얼 도도와 양광여와 양진경이 양웅 쥭엄얼 보고 이로시이 닉달나덜거날 졍비 또 마즈 사홀시 우슈로 양광여얼 딪젹ᄒᆞ고 좌슈로 양진경얼 딕젹ᄒᆞ니 거날닌 거동언 츈삼월 지비갓고 넘넘한 기샹언 츄구월 사심 갓더라 졍비이 칼이 빗닉며 양진경이 머리 쌍이 쓰르

P.130

지난지라 양광영이 젼경 쥭엄얼 보고 넉히 딕젹지 못홀쥴 알고 머리얼 쑤다리며 본진어로 도망ᄒᆞ거날 졍비 겁피 화얼 소어 양광영이 머리얼 마자 츙사 소다지이 양광영이 말ᄒᆞ이 나려지거날 졍비 칼얼 날여 묵얼 비허 말기이 달고 나난다시 달여드니 젹병이 황황

분쥬ᄒ여 사방어로 헛터지난지라 졍비 즁듸이 놉히 안ᄌ 젹병얼
호통 왈 너희 등언 무지하이 각각 물너가 부모 쳐자얼 다시 보고
농업얼 힘셔 국언얼 갑푸라 양경과

P.131
원이검이 직셔 도라와 사지 왈 우란난 듸국션봉즁니옵드니 젹즁이
사로잡피여 가삽다가 즁군이 ᄒ시물 입어 복국어로 도라와 황상얼
다시 모시기 듸오니 장군이 구구ᄒ 언히얼 엇지 갑푸릿가 졍비
침직 위로 왈 엇지 거러신듈 아라시리요 ᄒ가지고 도라가ᄌ ᄒ고
셩젼곡얼 울이며 육도군병얼 거나리고 더러가니 거 위엄이 비항
듸 업더라 졍비 다시 황상기 복지하야 육도 ᄌ사이 머리얼 올린듸
황상이 듸ᄒᄉ 졍비이 손얼 줍고 몬늬 칭츈왈 장군이

P.132
공얼 익논컨듸 여산여히라 무어서로 갑푸리요 ᄒ듸 졍비 고두사언
ᄒ고 듀왈 소즁이 젼즁이 나온직 두변이로소이다 연젼이 안날
지국니 반ᄒ여 듸양도이 졍원슈 위겹ᄒ다하옵기오 소즁이 지마듸
창아로 젹진 즁이 달여더러 쳘이츙이 사즁아러 한 칼이 비히고
언신ᄒ여 삽드니 니체 쏘ᄒ나 황상이 위겹ᄒ다 ᄒ옵기로 줍간
구ᄒ여 삼거니와 황상이 득퇵어로 거려ᄒ오라다 소즁언 페ᄒ 환궁
ᄒ신 후 젼후사얼 듀달ᄒ올터이오나 명영 업

P.133

시 츌젼흔 죄로 용셔ᄒ옵소셔 황상이 말얼 더러시고 더욱 신기이 녁이왈 고지국 졍공 구ᄒ든 즁슈얼 쳔신인가 ᄒ여더니 이지야 만ᄂ도다 쳔ᄒ이 이러한 니리 어ᄃ 이시리요ᄒ시며 칭츈니 구피ᄒ드라 각셜여러 날 마ᄂ 상이 황풍하실 ᄉ 육도자사 머리얼 말기이 달고 싱견국얼 울니며 졍비 삼ᄐ칠셩 말 우이 두러시 안즈 삼군얼 호령하이 초야 인민 뉘안이 질거 하며 모다 속둑

P.134

하더라 슈일만이 황셩이 둑달ᄒ여 츌쳔지즁얼 차리로 상사홀시 졍비 황상기 쥬왈 잇지 반녁얼 다 쇠밀ᄒ여시나 거 역당니 무슈ᄒ 여시니 옥셕얼 구별홀죄 만사오니 오날언 남문 우이 좌졍하옵소셔 상이 놀ᄂ여 젼위얼 졍비기 젼ᄒ고 직시 늡문 우이 좌졍하실ᄉ 졍비 나열ᄒ고 쳘기 군 습빅얼 호령ᄒ

P.135

ᄂ 양경과 원이검얼 결박나립ᄒ라 ᄒ난 소리 위엄이 상셜 갓드라 무사 일시이 ᄂᄂ러 즈지니 다 황상 압픽 싯쳐잇는지라 달여더르 칠빅ᄂ렴흔이 졍비 소리얼 놉피ᄒ여 커기 ᄭ지지 왈 너히 놈언 만고이 역젹이라 ᄒ고 다시 무사얼 호령ᄒ여 도셩이 도러가셔 두 놈이 가속과 ᄂ궁이 드러가 양귀비 모여얼 잡바더리라 ᄒ니 셩위지신과 ᄃ경질

P.136

식 하드라 무사 셩듕 달여더러 양경이 가속과 원니검이 가속이며 귀비이 모여겹별궁신여얼 다 자바더리니 샹ᄒ 인면이 다 넉실일코 아모리 홀 쭐 모르드라 졍비 분한 마염얼 거즙지 못ᄒ여 커기 호령왈 양경이 부ᄌ를 불너 각각 안치고 카을 젼쥬며 딕왈 이 툥악ᄒ 놈아 벼슬도 일품이요 식녹도 만즁이라 국여 만속ᄒ거날 요악ᄒ 구비 부당ᄒ여 샹이

P.137

말거시물 거러다ᄒ고 츙신도 만히 살히ᄒ고 역모이 쁘실 두고 뉘위얼 귀결ᄒ며 국가을 망키ᄒ니 이도 쏘ᄒ 무도ᄒ 도적이라 무죄ᄒ 경강노이 쌀 혼사얼 억탈코져하야 경강노얼 젼장이 보닉고 네 ᄌ식과 ᄒ가지로 강놋딕이와 즁문안이 규팀ᄒ야 허서얼 탐지하여시니 겨흉악ᄒ 놈이 횡시리 어딕이셔며 너히 놈 용밍어로 육도 ᄌ사를 기닉고 젼즁얼 이루며 황지로 친

P.138

졍하기 하여시니 거른 놈이 어딕이시며 이리 거직어로 픠하여 젹진이 사로 잡피다ᄒ나 닉 너어 간사한 씩 얼 아난지라 쳔언이 만걱하고 구건이 창원ᄒ기로 닉 셩젼ᄒ여시니 너이 젹당얼 엇지 일신들 두리요 ᄒ고 무사얼 호령ᄒ이 무사 일시이 달여더러 쥬당얼 지려며 역당얼 다짓고하라 하이 양경과 원검이 간담언 쓰러지고 호업얼 통치 못ᄒ여 기우 이벌 여러

P.139
난낫치 조사ᄒᆞ이 칠빅여명니라 상이 거지야 양경이 슈젹ᄒᆞᆫ 씨를 올고 ᄃᆡ로하여 직시 양경이 족당얼 능지쳐차맘ᄒᆞ고 ᄯᅩ 귀비이 모여얼 각각이 만치 노모 ᄃᆡ질왈 너 ᄌᆞ식얼 네가 도약 엿코 부지ᄒᆞᆫ 졍비얼 네가 좌기시여 용포얼 네가 지어라ᄒᆞ고 황상기 고하여 이미ᄒᆞᆫ 졍비얼 사약하문 무산더지야 낫낫치 고하라 하니 무사얼 호령하여 그 검ᄉᆞᄒᆞ니 황지와 지신이 놀ᄂᆡ리요 황

P.140
지 거지야 귀비이 간기 쌔져 무좌ᄒᆞᆫ 졍비 사약한 쥴 기달고 왈 지미 발지 못하ᄒᆞ여 요약한 여늬 간기맛지 못ᄒᆞ고 무지ᄒᆞᆫ 졍비럴 쥬기시니 엇지 쳔변얼 면하리요 ᄒᆞ고 직시 귀비와 공쥬를 쥬기이 상ᄒᆞ인민이 모도 칭찬왈 션관이 인간이 하강ᄒᆞ여 옥셕얼 구별ᄒᆞᆫ이 시상이 이리히ᄒᆞᆫ ᄒᆞᆫ 이리라 어ᄃᆡ이시리오 하더라 이젹이 황상이 ᄃᆡ연빅셜ᄒᆞ고 친쥰얼 자바 졍비얼 권ᄒᆞ시고 종

P.141
알 복셜ᄒᆞᆯ 사 만조 북관얼 만싀얼 부르고 초야 인민경양가얼 실삼더니 이날 졍비 상소하여 왈 젼후사얼 난낫치 쥬달함이 상이 시상 소얼 보시고 ᄃᆡ경ᄃᆡ히왈 늬 져 장슈의 셩명얼 이러지 안이ᄒᆞ기로 고이 너기드니 졍비 시상이 다시 사라 장슈ᄃᆡ야 지미 부즈 구홀쥴 엇지 아라시리요 쳔ᄒᆞ이 이런이리 어ᄃᆡ 이시리요 지미 발지 못하여 ㅓ 귀비이 간기 쌔져 무지ᄒᆞᆫ 졍비얼 사양ᄒᆞ

P.142

여시지 무산 면목어로 졍비로 다시 보리요 쏘흔 강문챵이 졍셩과 이운듄이 득어로 국가로 보존키 ᄒ니 니 두사람이 츙셩얼 쳥상하리라 하시고 희교하시ᄃᆡ 이운츈어로 이부상셔로 ᄒ시고 강문츙어로 병부상셔로하시고 졍유로 츙열왕 셩상얼 봉ᄒ시고 사관얼 명ᄒ이 졍원슈로 지길 패촉하시ᄆᆡ 졍비얼 별궁어로 모시니 다 이젹이 졍비 인이얼 싱각ᄒ이 실푼 눈

P.143

물 비오 듯 ᄒ드라 능히 검치 못ᄒ은지라 각셜 잇젹이 ᄐᆡᄌᆞ 졍비 거쳐 몰나 쥬야 사모ᄒ든 ᄎᆞ이 마참 이 소식얼 듯고 길겁고 졍신이 아득ᄒ여 아무리 홀쥴 몰나 겁തി 나와 손얼 줍고 길겁고 실푼 마음얼 검치 못ᄒ여 왈 거ᄃᆡ 한 번 이멱ᄒ후로 황명이 지듕ᄒ와 차자 가보지 못ᄒ고 쥬야 사모ᄒ든 졍아여 옷자 더 셜화 ᄒ며 이런 겁흔 시얼 당ᄒ야 젼장이 와 죽

P.144

기 된 우리 부ᄌᆞ를 구홀 줄 엇지 ᄭᅮᆷ이나 아리시리요 한다 반갑고 실펴호얼 금ᄒ지 못ᄒ드라 잇ᄃᆡ 황후 졍비얼 보고 이여키 마얼 못ᄒ다가 손얼 줍고 탄식 왈 죽언 령이 다시 사라완난가 셜푸고 반갑도다 ᄭᅮᆷ인가 싱신가 드옥 칭양업더라 졍비 무사시역미로 진중 회힝ᄒ여 젹즁얼 쇠민ᄒ고 사직얼 안보하며 황샹과 ᄐᆡᄌᆞ얼 살이시니 니난 쳔상 신션이라 ᄒ시며 실편 마음얼 검치

P.145

못ㅎ시드라 이젹이 졍비 이러나 두변졀ㅎ고 졍후 사연얼 차리로 고ㅎ니 황후 듯고 드욱 만걱한 마음 마지 아니하드라 졍비 이러나 비찻하드라 이러나도라오니 틱즈 졍비얼 딕하여 젼후 고상ㅎ든말삼 난낫치 셜화하고 셔로 질길시 졍비와 틱자 황샹께 비온딕 황샹이 일변 참괴ㅎ고 마엄 이기지 못ㅎ드라 각셜 졍원슈 양국이 이셔 빅셩얼 하문ㅎ고 젼이이시나 소지얼 싱극ㅎ고 고국소식

P.146

듯지 못ㅎ여 눈무얼 시월얼 보닉드니 안당란 위ㅎ시므로 심회얼 들고 잇드니 일일언 양왕이 간쳥ㅎ여 왈 흔 짜럴 두어시딕 직조와 인물니 조키 군즈의 결연사람이위온젹 ㅎ오이 뉘타 마옵시고 허락ㅎ옵소셔 소왕이 한 꿈얼 어더사오니 쳔상 삼틱셩이 쓰러져여 아의 홍삼이 사이여 즁군기 젼ㅎ오니 문 듯 기다려오니 남가일몽이라 몽사 하도신기ㅎ여 즌군기 쳥ㅎ오니 져바리지

P.147

마옵소셔 졍원슈 꿈이사 신기ㅎ물 치사ㅎ시고 직히 허락하시니 왕이 딕희ㅎ여 직시 퇵일 ㅎ여 힝에 홀식 거 위엄과 거동이 쟐난하드라 가연 거달 부텀 팅기이셔 십식이 당하미일틱 뾥틱얼 나혀시지 소릭 웅즁ㅎ고 얼골이 현산 빅옥 갓고 양왕니위 원슈딕히ㅎ여 쟝즈 일홈언 일셩이라ㅎ고 츠자 일홈언 이셩이라 삼즈 일홈언 삼틱라 한다 이젹이 쳔자 사산을 보닉고 귀얼 올니거날 원슈 일변

반가오며 일변 셜

P.148
푼지라 직새 북향 사비ᄒ고 쓰여보니 ᄒ여시ᄃᆡ 츙열 좌셩상 유지
오 또 일봉 셔창잇거날 쓰여보니 하여시ᄃᆡ 불효 여식 셩모난 돈슈
ᄌᆡ비ᄒ옵고 부친좌졍이 올이나이다 소여 ᄌᆡ악니 진즁하여 부친얼
ᄐᆡ양도이 이별ᄒ고 종젹얼 감초와 집이도라와 언신하여삽드니
쳔만이에 ᄐᆡ비간ᄐᆡᆨ하여 몸이 안귀하여드니 양구비이 모희로 빅쳑
추궁ᄒ여 영안궁이 갓치삽드니 맛참 잉ᄐᆡᄒ여 황손얼 탄싱후이
황상이

P.149
사약하시ᄆᆡ 강문창 명얼 도모ᄒ여 위슉ᄃᆡ이 차자가삽다가 노즁이
상셔이운츈얼 만ᄂᆡ 도망ᄒ여 부지ᄒ옵드니 만고 무도 연젹 양경이
란 놈이 찬역하야 국가을 요란키 ᄒ기로 분얼 이기지 못ᄒ여 젼장
이 나여가 흉젹얼 쇠밀ᄒ고 양경이 부자와 족당얼 이기지 못ᄒ여
경장이 나어가 흉젹얼 쇠밀ᄒ고 양경이 부자와 족당얼 넝히 쳠참
ᄒ고 양귀비 몬여얼 자바 원슈얼 갑피시나 일구월심

P.150
이 부친얼 싱각하이 실푼 눈물이 헐너 슉젹이 편치 못한다 하여드
라 졍원슈 보기얼 다하ᄆᆡ ᄃᆡ경질싴ᄒ여 왈 ᄂᆡ 짜리 에리셔 부텀
ᄌᆡ조 유여하기로 비상키 아이 녁이더니 엇지 이럿치 ᄃᆡ절 아라시리

요 하시니 양왕 뇌위 이소식얼 듯고 칭찬ᄒ물 마지아이하드니 정원슈 도라가믈 쳥ᄒ니 양왕 왈 시년 일반이라 소당도 ᄒ가지로 경셩이 올나가 쳔언얼 올나가 츤언얼 축슈ᄒ올

P.151
터이오니 원컨디 원슈ᄒ고 가치 가사이다 원슈이 양왕이 츙셩얼 아난지라 무슈 치사ᄒ시고 왕비는 눈물얼 먹엄고 정공얼 디ᄒ여 왈 싱면더데다 ᄒ고 엇지 실푸지 아이ᄒ며 쏘 여아는 멀로얼 비기 쉽지 못ᄒ지라 ᄒ고 왈 믄쳔이 기지마옵소셔ᄒ고 비회얼 것더라 공쥬도 ᄒ고 모친이기 언ᄒ고 인졍얼 셔로 위로ᄒ여 눈물얼 ᄒ직ᄒ고 이복이리 무랑ᄒ드라 각셜 이젹기 시량이 졍비를 젼즁이 보뇌고 날노 기다

P.152
리드니 쯧밧기 부무상셔 유지를 드리고 션연 ᄒ인이 지얼 셔촉하거날 시량이 디히하여 거지야 졍비 셩공한 쥬를 알고 일히일비 ᄒ여 이르치힝ᄒ여 황상어로 힝한이라 여러날 만이 기슈셩쳔으 둑달ᄒ니 잇디 졍원슈와 양왕이 한기 이 쥬셩즁이 디이난지라 이기별얼 듯고 졍원슈를 차자가 업ᄒ고 젹연거리든 졍회와 소상ᄒ든 말삼얼 셜화ᄒ며 황셩이 이러러 황상이 사은 한디 황

P.153
지 셩상얼 보시고 몬뇌 참져왈 지미발지못ᄒ여 틱비 고상ᄒ기ᄒ고

쏘흔 경얼 말이 젼즁이 보뉘여 여르히 고상ᄒ기하여시니 엇지 참괴치 아니ᄒ리요 쏘한 이사람이 왈 경이 츙셩언 지기아난빅라 하관걸지ᄒ야 틱비를 구ᄒ여시니 경이은히얼 엇지 갑푸리요 ᄒ며 졍강노 양왕이 지비 입쳐ᄒ여 일틱 삼남흔 사연얼 쥬둘한딕 황상이 듯고 드욱 딕히ᄒ야 왕얼 입ᄒ니 양왕이 사언ᄒ고 셩둑얼

P.154
감츄ᄒ드라 잇셔 졍비 부친 오시믈 듯고 겁피 별궁이 마질ᄉ 셔로 붓뎔고 통곡ᄒ이 셩상이 쏘한 빅슈얼 헌날이며 눈물른 검치 못ᄒ드라 졍비 시량얼 위로하고 신여를 명ᄒ야 이시량얼 쳥ᄒ니 상셔와 이소지 함기 복지하거날 졍비 마자 이로딕 졍ᄒ고 쏘흔이 소지얼 딕하햐 반가온 마엄얼 셜화하며 신여얼 명ᄒ야 별궁어로 모시이다 이젹이 틱비 부친기 엿ᄌ오딕 이시량이 득어로 쥰

P.155
명얼 보존ᄒ여 부친얼 다시 만나 보오지 언히 망걱한지라 엇지 다 갑사오릿가 정원슈 틱비다러 왈 양국이 살딕 이양왕이 부마 딕며 쳔황어로 일틱 삼남얼 나허시지 니도 쏘한 황상어 덕틱어로 틱비딕여닛다 뉘평싱이 남동싱 업셔 쥬야 한탄하여드니 엇지 반갑지 아이ᄒ리요 눈물니 용포롤 젹시더라 틱비 황손얼 쳥ᄒ여 겁피 더러오니 졍비 황손얼 안고 눈물헐니며 왈 너 어미얼 아

P.156

리오 하며 너얼 나흔 일일 만이 너얼 바리고 사싱얼 도모ᄒ엿드니 거간이 벌셔 져러키 ᄌ라난야 아모리 윤기가 츌즁ᄒ딜 네가 나얼 모로며 모ᄌ간 졍얼 엇지 아리오 하며 손어로 덩얼 만지며 드욱 셔르니 황손니 실품얼 먹엄고 우난 마리 어엄임 거사이 어듸가시다 가 아직야 왓난잇가 하며 달여드러 품이 아나 졋졀 ᄲᆯ며 실피 통곡ᄒ니 졍비 드욱 셔르하믈 마지 아이ᄒ드라 ᄯ흔 남동싱 업삽 형지 불너 보니 얼굴이 빅옥 갓

P.157

고 미간이 쳔지 조화얼 가젼나덧 ᄒ드라 틱비 삼동싱얼 구사로 갓치 사량ᄒ며 직기더라 이미 황혼이 딕미 셩상이며 동시더를 보늬고 틱자럴 딕ᄒ여 왈 견일 이 상셔 지빅 이실딕 여혼지닌 발삼얼 난잔치 셜화ᄒ고 직시 이소저랄 별궁어로 시위ᄒ이 신여 젼후이 열한 거동이 츤란ᄒ다 아더라 이젹이 이소지 황후 및 틱비 견이 득힝어로 섬기니 황후칭찬 부리ᄒ시라 잇딕 황상과 황후 각각 딕연을 비셜ᄒ고 종일 갈

P.158

시 강문창과 모든 딕신얼들 부러 풍악은 낭ᄌᄒ고 황직 용포얼 허날니고 왈 즌치란 구분이 업시동낙어로 질기ᄌᄒ고 친이 즌얼 자바 졔신얼 차릭로 젼ᄒ니 거 히락이 비할딕 업드라 각셜 잇딕 황후 ᄯ흔 딕연얼 비셜ᄒ고 모든 부인얼 다리고 질길 시 졍비와

양조며두시와 이소지다 모와 난듸 시비 옥소이 좌즁이 안치고
황후 취즁얼 이기지 못ᄒ야 옥소이야얼 명하여 왈 젼후사얼 내
아난듸로 ᄒ고 국조얼 쳥흔듸 옥소

P.159
이 만츈 만기ᄒ여 쳥일곡조이 ᄒ여시듸 관엄사 조분기리 쳐량ᄒ
다 힝싁이야 빅셜갓튼 구든 졀기알 리가 몃몃치리 아는이난 관엄
이요 보난이난 쥬시로다 듸면얼 ᄒ리하고 소지와 동거홀시 츈흥얼
몬이기 옥슈로 히롱ᄒ니 놀나와라 우리 틱미 할빅셔칙칙망ᄒ고
침소로 도라갈지 진졍이 탈노ᄒ니 변복이 장구하든가 삼쳔궁여
시위ᄒ고 옥고놉피 안ᄌ 쳔궁어로 더르올지 질기홀사 우리 황후

P.160
반기난이 지심이라 불쳑ᄒ다 양귀비니 어이 거리 불칙던고 쳔지이
기벽ᄒ온 후이 쳔셩 만ᄒ옵시고 거 즁이 귀흔빈난 거 안이 사람인
가 다 갓탄 사람어로 무산거리 허무로셔 승상 쇠기 듯고 만고을
싱각ᄒ고 거귀 황명잇다ᄒ고 용포로 모희ᄒ니 쳔명이 완젼커날
네 어이 즁구ᄒ랴 모희로 귱듕 큰이와 듁언 자식 무삼쇠로 도약언
무삼일고 살지 무셕 너기 목얼 조조

P.161
이 싱각ᄒ니 일필 노난기로다 듀어닷고 멀고먼 황쳔길이 ᄌᄌ이
조심ᄒ라 가련ᄒ다 가련ᄒ다 우리 틱비 약난 무슴일고 쳔검 듕상

어린 빅셩 되신어로 사약ᄒᆞ지 거 경싱니 오죽홀가 불승ᄒᆞ다 우리 퇴비 넝쳥이 슈머다가 되명ᄒᆞ여 나을 젹이 거 졍셩이 오죽홀가 초릭로 죽기만 못ᄒᆞ드라 인간이 옷홀거시 도 명밧기 도인난가 자고로 이런 마리 고진감ᄂᆡ일넛드라 반가울사 퇴비 힝츠

P.162
창검얼 놉피들고 퇴양도로 더르가셔 젹진이 달여드러 젹장얼 비히들고 부친얼 구ᄒᆞ시니 일젼단신 구든 효셩 징즈얼 효칙ᄒᆞ되 양경이 흉기로셔 황상이 친병ᄒᆞ사 옥누헐너 비가된다 잇써 어난 써요 진시말 사시초이 젹진얼 구터보고 질마단창 달여드러 퇴즈얼 구ᄒᆞ시니 미자 츙심 일월갓치 빗나도다 즐거울사 졍비힝츠 되즈얼 살이닉니 빅옥 갓탄

P.163
구든 졀기 만시지무궁이라 역젹얼 시밀ᄒᆞ고 귀비를 자바닉여 옥셕을 선별ᄒᆞ이 삼강이 발가지고 오륜이 식로와라 ᄒᆞ날 갓탄 우리 황상 일월갓탄 우리 퇴즈 만시 만시 만시시라 강구연월 퇴편ᄒᆞ이 우리 황상 득퇴어로 쳔지 도 우슈양홀지 연입갓탄 삼쳔 궁여 츄젹얼 가려기ᄒᆞ여 문충불러 돈속후 봄소식얼 감초우고 간즁만셕힐젹이 가소롭다 양귀비야 너 어이아라

P.164
시리요 명쳔이 강동ᄒᆞ사 슘퇴셩졍기로셔 졍비다시 퇴비되여 이도

쏘한 천정인가 득힝어로 단속하여 쥬시쳔ᄒ 평졍후의 일월 갓탄 틱비난 졍쳘 만고 쳔고 졔일이라 히히호호 빅셩더라 츈신 효녈 부딕ᄒ소 효즈 츙신 열여드른 빅쳔츄명불ᄒ라 흉약요역 역젹드런 죽엄이 차목하드라 우리 틱비 구든 졀기 쳔고만고 유진ᄒ쇼 군신부 자 부화락 이런ᄒ니 도 잇셔릿가 노릭얼 파ᄒ후의 이러이 사빅ᄒ고

P.165
셜셜치읍ᄒ니 좌즁우의 모든 부인 늬안이 이통ᄒ리요 각셜 잇젹의 황지와 강문창이 이곡죵 드러시고 비감ᄒ여 옥쇼의 노릭 쳥ᄒ흐고 직시 옥쇼의얼 명ᄒ여 삼시의 별궁어로 졍ᄒ시다가 양왕이 도라가 부르 쳥ᄒ되 황상과 졍셩상이 못늬 연연ᄒ드라 시졀이 여류ᄒ여 틱비난 이달이 칠형지얼 두고 이시량이 짜런 아들 오형지을 두고 거 아달 힝장과 총명이 머귀의 거룩ᄒ야 국사을 도으

P.166
면 조셩 빅관얼 츠릭로 상별ᄒ니 틱평연졀이 시졀이 더오 풍ᄒ여 경약가어를 부로면 만시만시 억만시지 무궁이로늬라 요슌 딕시졀 니라 쏘 위우이 쏘드ᄒ오릿가 졍비난 비록 여즈라도 구졍을 도와 시니 니 쏘ᄒ 츙신이요 부모얼 살이신니 쏘한 효여로다 쏘ᄒ 신이 도ᄒ 징이 두리드니 틱비이 둑어로 평연월 마늬시니 거 안이 반거 오라

뎡튝연 삼월 초 구일 필셔훈 걸시 고싱 참 픠픠훈나 사연언 훈변식 볼만호오니 보시난이 웟지 마시요

김신선전

I. 〈김신선전〉 해제

〈金神仙傳〉은 연암 박지원의 초기 작품 중 제 6번째 작품이다. 연암 소설의 인물들은 매우 다채롭다. 흔히 볼 수 있는 황제나 귀족, 군벌이나 관료, 대지주, 자본가보다 주로 시중의 기인奇人, 승僧, 역부役夫, 군교軍校, 걸인乞人, 역관譯官, 중인中人 등 서민적 신분을 가진 자들이 많다.

〈김신선전〉

본고의 〈김신선전〉은 김광순소장 필사본 고소설 487종 중의 하나로서, 서지학적인 검토를 해보면, 전체 6면으로 세로 30cm 가로 20cm 각면 10행으로 각행 20자의 한자로 씌어진 한문 고소설이다.

〈金神仙傳〉 내용에서 '歲癸未也 明年秋 余東遊海上'이라는 문구로 보아 연암이 금강산에 들어간 해가 갑신년인 만큼 〈金神仙傳〉의 창작 시기는 거의 38세, 곧 1764년 가을 이후의 작품으로 보인다.

본고의 〈金神仙傳〉에서 주인공 이름은 김홍기金弘基로 연암이 〈김홍기전金弘基傳〉이라 하지 않고 그의 성姓만을 따서 〈金神仙傳〉

이라 한 것으로 보아 독자들에게 흥미를 유발하려는 의도가 있다.

〈金神仙傳〉의 줄거리를 보면,

신선이란 별명을 얻은 김홍기는 나이 16세에 장가들어 첫 날밤을 지낸 후 아들 하나를 두고 다시는 아내를 가까이 하지 않았다.
화식火食을 끊고 벽을 향하여 정좌한지 몇 해만에 몸이 별안간 가벼워졌다. 국내의 명산을 두루 놀아 늘 한숨에 몇 백리를 달렸다. 그리고 음식을 먹지 않으므로 어느 집을 찾아가더라도 주인이 싫어하지 않았으며 겨울이 되어도 솜옷을 입지 않고 여름에도 부채를 흔들지 않았으므로 남들은 그를 '신선'이라 불렀다.
이때, 연암은 우울증을 앓고 있어 더러 신선들이 가진 방기方技가 효험이 있으리라 여겼다. 이에 윤생과 신생 두 사람을 시켜 몰래 김신선을 찾아오게 하였다. 열흘 동안 이집 저집을 다니며 문의했으나 행방이 묘연하였다. 사람들은 일정한 장소와 시간에 구애됨이 없어 지리산에 약을 캐러 갔다가 아마 신선이 되었을 것이라고도 하였다.
연암이 금강산에 갔을 때 선암船菴에 벽곡辟穀하는 스님이 계신다는 말을 듣고 김홍기가 아닌가 하고는 가서 찾았으나 만나지 못하였다. 연암은 이 작품 끝에 산인山人이 '선仙'이요, 입산入山이 '선仚'이며 또 선선僊僊히 나는 것이 '선僊'이라 하여 신선의 정의를 밝히며 김신선은 '울울부득지鬱鬱不得志[1]'한 무리라고 단언하였다.

---

1) 울울부득지鬱鬱不得志 : 제 때에 뜻을 얻지 못하여 마음이 답답하고 막힌 상태.

〈金神仙傳〉의 그 구성적인 면을 살펴보면 동방에서 뿌리 깊이 박힌 신선사상에 의한 소설은〈金神仙傳〉외 여러 소설에서 그 유형을 불구하고 많이 볼 수 있다. 〈金神仙傳〉은 양적으로 보아서 하찮은 단편이나 그 인물 사건 배경 등은 제법 복잡다단하다.

〈金神仙傳〉에서 우선 김신선은 당시 실존 인물이었음을 짐작할 수 있다. 열여섯 살에 혼인하여 벽곡한 지 수년 만에 선술仙術을 익혀 수 백리를 가며 더위와 추위를 모르고 주위 많은 친구가 있어 여기저기 다니며 숙식宿食에 불편이 없었고 강릉 지리산 금강산 등지에 출몰하였다. 그의 신장은 칠 척이 넘고 몹시 파리한 얼굴에 수염이 나고 눈동자는 푸르고 귀는 길면서 누런색이며 특히 밥을 먹지 않고 술만 마시되 한 잔을 마셔도 취하고 한 말을 마셔도 더 취하지는 않았다. 김신선이 어느 정도 이름이 알려졌는지 그의 이름을 빌려 행세하는 가짜 김홍기도 없지 않았다. 김신선의 아내는 아들 하나를 낳고는 다시금 남편을 만나지 못한 여인으로서 아무런 반항도 없이 외아들을 이끌고 시동생 집에 몸을 붙인다. 아들은 독자獨子고 연암이 이 글을 쓸 때 겨우 약관弱冠의 나이였다. 신생과 윤생은 모두 연암을 위하여 김신선을 여러 방면으로 찾아다니던 사람들이며 이들이 만난 사람들은 김봉사, 김첨지, 이만호, 서극관, 장첨지, 연지승, 조봉사, 유판관, 임동지이며 동자童子 복, 금강산 스님, 관찰사, 각 읍의 수령, 따르는 스님들이다. 모두 김신선이 평소 알고 지내던 사람으로 술 잘 마시고 노래를 잘하며 거문고를 잘 뜯거나 고위층이나 말단 관직에 있거나 있었기도 한 사람들이다.

이 작품에 나타난 사건은 작품의 양에 비하여 사건의 빈도수가 높다.

김신선의 결혼과 자식에 따른 사건, 벽곡辟穀과 성도成道에 따른 사건, 연암의 득질得疾, 신선의 방도를 구하는 사건, 김신선이 약을 처방하여 신선이 되었다는 사건, 연암의 금강산 유람에 따르는 사건, 관찰사의 순행에 따르른 사건 등으로 나누어 볼 수 있다.

지리적 배경으로 비록 서울 서학동을 위시하여 체부동, 누각동, 삼청동, 미단동, 모교, 사복천, 리문, 계동, 창동, 회현방, 동관, 이현, 동현, 자수교, 사동, 장동, 대릉, 소릉, 장창교 등을 일환으로 그의 자취가 이르지 않는 곳이 없었고 지방으로 강릉, 지리, 금강 등지에 이르렀으며 시대적 배경은 본편 중에 나타난 연암의 나이 27세~28세가 되던 해인 계미癸未년 갑신甲申년 사이였다.

문장의 조직은 문답식의 전개와 사실적인 수법을 잃지 않고 있는 작품이다. 김신선의 약력을 소개하고 연암이 김신선을 찾은 동기와 경위, 김홍기 외 또 하나의 김홍기 행세를 하는 자가 있음을 밝혔고 연암이 금강산에 들어갔을 때에 김신선을 만나고자 하던 일, 결국 연암은 김신선을 만나지 못하고 연암 나름의 신선에 대한 정의를 내린다.

연암은 고래의 신선사상에서 약간 탈피하여 작품 말미에 선仙에 대한 정의를 '울울부득지鬱鬱不得志'라 하여 작가 자신을 작품 속에 참가시켜 스스로 불우不遇한 감개와 비탄을 은연 중 들어내고 있다.

신선이란 별개의 인물이 아니라 특히 그 시대에 불우하였으므로 세속에 염증을 느낀 채 깊은 산속으로 선선僊僊히 경거輕擧하는 인간들이며 그들이 경세經世 치용治用적인 면에 더 한층 적극성을 띠지 못한 결점도 있다고 하겠다.

특히 위정자들이 이러한 유용한 인재가 저 서민계층 속에 묻혀 있어도 등용하지 못하는 사회제도의 모순성도 암암리에 들어내고 있다.

〈김신선전〉

〈金神仙傳〉에서 주인공 김홍기의 이름을 딴 또 다른 김홍기라는 자가 행세하는 모습을 볼 때 당시 유학계儒學界만이 잘못 된 것이 아니라 가장 신비롭고 고상하여야 할 선도계仙道界에도 이러한 가명의 인물이 떠돌아다님을 지적하였고 당시 관찰사들의 행락과 수령들의 뇌물과 술로 아첨을 다하는 동시에 사찰의 폐단과 백성들에게도 많은 민폐가 있었음을 나타내고 있다.

〈金神仙傳〉은 후대 다산 정약용의 〈曹神仙傳〉과 추재 조수삼2)의 〈鬻書曹生傳〉 등에 영향을 주었다. 〈鬻書曹生傳〉은 줄거리는 다산의 것과 별반 다름이 없으나 〈서설〉과 〈사평〉이 덧붙여져

---

2) 조수삼趙秀三 : 1762~1849. 호는 추재 秋齋. 문장과 시작詩作에 천재적 소질.

있으며 묘사의 수법이나 양적으로 다산의 작품에 비해 일보 전진하였다. 연암은 신선의 정의 작품 끝에 내린 것에 비하여 추재는 더욱 유가의 현실적인 면을 짙게 드러내고 신선으로서의 묘결妙訣은 약초에 있는 것이 아니라 오로지 호제孝悌와 덕德을 잘 길러 독실이 행함에 있다는 것이다. 따라서 연암은 선仙에 대한 정의를 '울울부득지鬱鬱不得志'라 하였으며 추재는 '자은완세자自隱玩世者'로 규정하였다. 추재는 해학과 글짓기를 즐겨 자신의 작품에는 기이한 인물을 많이 등장시켜 패관소설稗官小說의 측면이 있다.

〈金神仙傳〉은 위로 교산의 〈남궁선생전〉, 〈홍생원유기〉 등의 영향을 많이 입었으며 아래로 〈조신선전〉, 〈죽서선생전〉 등의 기풍을 열어 준 이채로운 작품이다. 특히 천년을 뿌리 깊이 박힌 일반적 신선사상에서 탈피한 작품이라고 평가한다.

Ⅱ. 〈김신선전〉 현대어역

　　김신선의 이름은 홍기弘基다. 나이 열여섯에 장가들어 한 번 교접 후 아들을 두고 다시는 아내를 가까이 하지 않았다. 마침내 벽곡辟穀[1]하며 수년 동안 앉아 면벽面壁[2]만 하였는데 어느 날 몸이 홀연 가벼워졌다. 국내 이름난 산을 두루 다녀 노닐며 항상 수 백리를 가고서야 비로소 해가 뜨고 지는 것을 보더라. 오년에 한 번 신을 바꾸고 험한 곳을 만나면 걸음이 더욱 민첩해졌다.
　　한 번은 말하기를
　　"옷을 걷고 물을 건너거나 조각배를 타는 것은 오히려 나의 걸음을 더디게 하지."
하였다.
　　밥을 먹지 않기에 사람들이 그가 손님으로 내방來訪하는 것을 싫어하지 않았다. 겨울에 솜옷을 입지 않고 더운 여름에도 부채를 사용하지 않아 사람들은 그를 신선이라 부른다.
　　내 일찍이 유하幽夏[3]의 질병이 있어 신선의 방기方技[4]를 들으면 혹 기이한 효험이 있을까 하여 더욱 그를 만나 보고자 하였다.
　　윤생尹生과 신생申生을 시켜 가만히 찾아보게 하였는데 한양 안을

---

1) 벽곡辟穀 : 곡식은 먹지 않고 솔잎, 밤, 대추 등을 먹거나 또는 화식火食을 피하고 생식生食을 함.
2) 면벽面壁 : 벽을 마주보고 앉아 참선함.
3) 유하幽夏의 질병 : 우울증.
4) 방기方技 : 신선이 되는 방술.

뒤졌지만 십일이 지나도 찾지 못하였다.

윤생이 말하기를

"홍기의 집이 서학동이라고 들은 적이 있어 갔더니 그게 아니었습니다. 그 사촌형제들에게 처자식을 부쳐 놓았습디다. 처자에게 물었더니

'아버지는 일 년에 겨우 서너 번 오십니다. 아버님 친구 분이 체부동에 계시는데 그 분은 술을 즐기며 노래도 잘 부르는 김봉사金奉事[5]입니다.

그리고 누각동에 사는 김첨지僉知[6]란 분은 바둑 두기를 좋아하고 그 뒷집 이만호李萬戶[7]라는 분은 거문고 뜯기를 좋아하십니다. 삼청동 친구 분 이만호는 손님이 오는 것을 좋아 합니다. 미원동 서초관徐哨官[8], 모교毛橋[9] 장첨사張僉使[10], 사복천司僕川[11] 변지승邊池丞분들도 손님 치르기와 술 마시기를 즐기십니다. 이문里門 안에 조봉사趙奉事 또한 아버님 친구 되시는데 집에는 이름난 꽃들이 많이 심겨져 있고 계동에 사시는 유판관劉判官[12]이라는 분은 기이한 책들과 오래 된 검劍을 가지고 계신다고 합니다. 아버님께서는

---

5) 봉사奉事 : 조선시대 종팔품의 벼슬.
6) 첨지僉知 : 조선시대 첨지중추부사.
7) 만호萬戶 : 조선시대 무관武官직.
8) 초관哨官 : 한 초哨를 거느리는 군영의 위관급尉官級.
9) 모교毛橋 : 청계천에 놓인 다리의 하나로 모전교라고도 함.
10) 첨사僉使 : 첨절제사의 준말.
11) 사복천司僕川 : 현재 수송동 일대에 있던 사복시 앞의 계천.
12) 판관判官 : 조선시대 종오품 벼슬.

항상 그분 들 사이를 오고 가시는 덧 하니 어르신께서 꼭 만나고자 하시거든 이 집들을 찾아 수소문 하시면 되실 겁니다.'라 하여 이집 저집 다니며 물어 보니 계시지 않았습니다. 저녁 무렵 한 집에 이르렀더니 주인이 거문고를 뜯고 두 객은 모두 말없이 조용하였으며 흰머리에 갓을 쓰지 않았습니다. 이에 스스로 김홍기를 찾았구나 하고 오래 기다렸다가 곡이 끝나 앞으로 나아가서

"감히 묻겠습니다만 어느 분이 김 어르신 되십니까?"
하니, 주인이 거문고를 내려놓고 대답하기를

"이 자리에는 김씨 성은 없는데 그대는 어찌하여 묻는가?"
하자,

"저희들은 목욕재계하고 이렇게 왔사오니 원컨대 노인께서는 속이지 마십시오."
하니, 주인이 웃으며 말하기를

"그대는 김홍기를 찾으러 왔구먼. 아직 여기는 오지 않았다네."
하였다.

"감히 묻겠습니다만 언제 오십니까?"
하니, 주인이

"이 사람은 일정한 주거가 없고 정해진 방소에서 노는 자가 아니어서 오더라도 기약이 없고 떠날 때도 기약이 없다네.

하루에 두세 번 지나거나 오지 않을 때는 한 해 동안 못 볼 때도 있지. 듣기로 그는 창동, 회현방, 또는 동관, 이현, 동현, 자수교, 사동, 장동, 대릉, 소릉 사이에도 왕래하며 노는데 그 주인들의

이름 자는 알지 못하고 있어. 그러나 창동의 주인은 내가 알고 있는 사람이라 자네가 가서 물어 보게나."
하여, 제가 곧장 그 집에 가서 물었더니
 "그가 오지 않은지가 여러 달 되었소이다. 장창교13)에 살고 있는 임 동지14)가 술 마시기를 좋아해서 날마다 김씨와 더불어 내기를 한다는데 지금도 있는지는 알 수가 없소."
하기에, 그 집으로 찾아 갔더니 임 동지는 여든이 넘어서 귀가 몹시 어두웠습니다. 그 분이 말씀하시기를
 "어젯밤에 잔뜩 마시고 강릉으로 갔다네."
하였습니다. 멍하니 한참 있다가
 "김씨가 보통 사람과 다른 점이 있습니까?"
하니, 임 동지란 분이 이르기를
 "한낱 보통 사람인데 유달리 밥을 먹지 않지."
하였습니다.
 "얼굴 모습은 어떤가요?"
하니,
 "키는 일곱 자가 넘고 여윈 얼굴에 수염이 나고 눈동자는 푸르고 귀는 길면서도 누렇더군."
하기에,

---

13) 장창교 : 청계천에 놓여 있던 다리의 하나로 현재 장교동, 관철동 일대에 있었다.
14) 동지 : 종2품 벼슬.

"술은 얼마나 마시는가요?"

하니,

"그는 한 잔만 마셔도 취하고 한 말을 마셔도 취하지 않지. 그가 언젠가 취한 채로 길 바닥에 누워 있었는데 아전이 보고서 이레 동안 잡아 두었었지. 그래도 술이 깨지 않자, 결국 놓아주었다라고 하더군."

하였습니다. 또 묻기를

"그 사람의 말솜씨는 어떻습니까?"

하니,

"남들이 말할 때는 문득 앉아서 졸다가 이야기가 끝나면 웃기를 그치지 않기도 하지."

라고 했습니다.

"몸가짐은 어떤가요?"

하니,

"참선하는 것처럼 고요하고 수절하는 과부처럼 조심스럽지."
라고 하였습니다.

나는 일찍이 윤생이 힘들여 찾지 않았다고 의심하기도 하였다. 그러나 신생도 수 십 집을 찾아보았는데 모두 만나지 못했으며 윤생의 말과 크게 다르지 않았다.

어떤 사람은 말하기를

"홍기의 나이는 백 살이 넘었으며 그와 함께 노는 사람들은 대부분 기인들이다."

또 어떤 이는

"아니다. 홍기의 나이는 열아홉에 장가 들어 아들을 두었는데 그 아이가 스물이니 홍기의 나이는 아마 쉰이 아직 안되었을 거야."

또 누구는

"김신선이 지리산에서 약초를 캐다가 벼랑에 떨어져 돌아오지 못한 지 벌써 수 십 년이나 되었다."

하고, 또 어떤 이는

"아직 어둑한 바위틈에서 무엇인지 반짝거리며 빛나는 게 있다."

하고,

"그건 그 늙은이의 안광이야. 산 속에서 가끔 길게 하품하는 소리 들리기도 해."

라고 하였습니다. 또한

"지금 김홍기는 술이나 잘 마시지 특별한 술법이 있는 것도 아니고 오직 그 이름만 붙이고 다닐 뿐이지."

라고 합디다.

나는 다시 동자 복을 시켜 가서 찾아보게 하였으나 끝내 알 수가 없었다. 그때가 계미년[15]이었다. 다음해 가을 내가 동쪽 바닷가에서 놀다가 저녁에 단발령에 올랐다. 금강산을 바라보니 그 봉우리가 일만 이천이라고들 하는데 색깔은 흰빛이었다. 산에 들어

---

15) 계미년癸未年 : 1763년.

가니 산에는 단풍나무가 많아서인지 바야흐로 붉어가고 있었다. 사리나무 느릅나무 녹나무 등이 빛을 내며 모두 서리에 누런빛을 띠우고 삼나무 전나무는 더욱 푸르렀다. 또한 겨울에도 푸른 나무들이 많고 산속엔 기이한 나무 잎들이 누렇고 붉은 색을 띠웠다. 둘러보고 즐기다 마침 가마를 타고 가는 스님께 물어보았다.

"이 산에 혹시 도술을 터득한 기이한 스님이 계시는지요. 혹 계신다면 함께 할 수 있겠습니까?"

하니, 스님께서는

"그런 스님은 없고 선암船庵16)에 벽곡辟穀하는자는 있다고 들었습니다. 아마도 영남에서 온 선비라고 하나 정확히 알지는 못합니다. 선암에 가는 길이 험해서 이르는 자가 없다고 합니다."

라고 하였다.

나는 밤중에 장안사17)에 앉아 여러 스님들께 여쭤 보니 모두 비슷한 대답을 하였다. 또 말하기를

"벽곡하는 사람은 백일을 채우면 떠난다고 하는데 지금 거의 구십 여일이 되었을 거야."

라 하였다. 나는 생각건대 그 자가 신선이려니 싶어 심히 기뻐 밤중이라 하나 곧장 가고 싶었다.

아침이 되어 진주담 아래 앉아 함께 할 친구들을 오래도록 기다렸는데 모두들 약속을 어기고 오지 않았다.

---

16) 선암船庵 : 내금강 표훈사에 딸린 암자.
17) 장안사 : 금강산 장경봉 아래에 있던 절.

관찰사가 군읍을 순행하면서 마침 금강산에 이르러 여러 사찰을 돌며 유숙하고 있었다. 수령들이 모두 모여 와서는 함께 창고를 열고 음식을 장만하였다. 매번 나가 놀 때는 따르는 스님만 백여 명이나 되었다. 선암까지 가는 길이 아주 험준하여 혼자는 이를 수 없는 곳이라 영원암 백탑 사이를 오가며 마음이 서운하였다.

이윽고 비가 오래도록 내려 산중에 엿새를 머물렀다. 이에 선암에 이르렀는데 선암은 수미봉 아래 있었다. 내원통에서 이십 여리를 가면 천 길이나 되는 큰 바위가 깎은 듯이 서있는데 길이 끊어져서 쇠사슬을 잡고 공중에 매달려서 올라갔다. 그 곳에 이르러 보니 빈 뜰에는 새 우는 소리조차 들리지 않고 탑 위에는 동으로 만든 작은 불상과 다만 신발 두 짝이 놓여 있을 뿐이었다. 나는 못내 서운하여 배회하다가 우두커니 서서 바라보다 바위 벽 아래 이름자를 적고는 탄식하며 떠나왔다. 그 곳은 항상 구름 기운과 쓸쓸한 바람소리만 있었다.

어떤 이가 말하기를 '선仙이란 산에 사는 사람'이라 하고 또 말하기를 '산에 들어가는 것이 선仚'이라고 하고 또 선僊이란 '선선僊僊한 덧 가볍게 오른다는 뜻이다'라 하니, 벽곡하는 자라 하여 반드시 신선은 아닐 것이며 울울하여 뜻을 얻지 못한 자 일 것이다.

Ⅲ. 〈김신선전〉 원문

P.1

金神仙名弘基 年十六娶妻 一歡而生子 遂不復近 辟穀面壁坐 坐數歲 身忽輕 遍遊國內名山 常行數百里 方視日早晏 五歲一易履 遇險則步益捷 嘗曰 褰而涉 方而越 故遲我行也 不食故人不厭其來客 冬不絮 夏不扇 遂以神仙名 余嘗有幽憂之疾 盖聞神仙方技 或有奇效 益欲得之 使尹生申生陰求之 訪漢陽中 十日不得 尹生言嘗聞弘基家西學洞 今非也 乃其從昆弟家 寓其妻子 問其子 言父一歲中率四三來 父友在體府洞 其人好酒而善歌 金奉事

P.2

云 樓閣洞金僉知 好碁 後家 李萬戶 好琴 三淸洞 李萬戶好客 美垣洞徐哨官 毛橋張僉使 司僕川邊也丞 俱好客而喜飮 里門內趙奉事 亦父友也 家蒔名花 桂洞劉判官 有奇書古釰 父常遊居其間 君欲見 訪此數家 遂行歷問之 皆不在 暮至一家 主人琴 有二客皆靜默 頭白而不冠 於是自意得金弘基 立久之 曲終而進曰 敢問誰爲金丈人 主人捨琴而對曰 座無姓金者 子奚問曰 小子齋戒而後 敢來求也 願老人無諱 主人笑曰 子訪金弘基耶 不來耳 敢問來何時 曰 是居無常主 遊無定方 來不預期 去不留約

P.3

一日中或再三過 不來則亦閱歲 聞 金多在 倉洞 會賢之坊 且董關
梨峴 銅峴 慈壽橋 社洞 壯洞 大陵 小陵之間 嘗往來遊居 然皆不知
其主名 獨倉洞吾知之 子往問焉 遂行訪其家問焉 對曰 是不來者
嘗數月 吾聞 長暢橋 林同知 喜飮酒 日與金 角 今在林否也 遂訪其
家 林同知八十餘 頗重聽曰 咄夜劇歡 朝日餘醉 入江陵 於是悵然
久之 問曰 金有異歟 曰 一凡人 特未嘗飯 狀貌何如 曰 身長七尺餘
癯而鬚 瞳子碧 耳長而黃 能飮幾何 曰 飮一杯醉 然一斗醉不加
嘗醉臥塗 吏得之 拘七日不醒 乃釋去 言談何如

P.4

曰 衆人言輒坐睡 談已輒笑不止 持身何如 曰 靜若參禪 拙如守寡
余嘗疑尹生求不力 然申生亦訪數十家 皆不得 其言亦然 或曰 弘
基年百餘 所與遊皆老人 或曰 不然 弘基年十九娶 卽有男 今其子
纔弱冠 弘基年計今可五十餘 或言金神仙 採藥智異山 隊崖不返
今已數十年 或言巖穴窅冥 有物煢煢 曰 此老人眼光也 山谷中
時聞長欠聲 今弘基惟善飮酒 非有術 獨假其名而行云 然余又使童
子福往求之 終不可得 歲癸未也 明年秋 余東遊海上 夕日登斷髮
嶺 望見金剛山 其峯萬二千云 其色白 入山

P.5

山多楓 方丹赤杻梗柟豫章 皆霜黃 杉檜益碧 又多冬靑樹 山中諸
奇木 皆葉黃紅 顧而樂之 問舉僧 山中有異僧 得道術可與遊乎 曰

無有 聞船菴有辟穀者 或言嶺南士人 然不可知 船菴道險 無至者 余夜坐長安寺 問諸僧衆 俱對如初言 辟穀者 滿百日當去 今幾九十餘日 余喜甚 意者其仙人乎 即夜立欲往 朝日坐眞珠潭下 候同遊盱睐久之 皆失期 不至 又觀察使巡行郡邑 遂入山 流連諸寺間 守令皆來會 供張廚傳 每出遊 從僧百餘 船菴道絕峻險 不可獨至 嘗自往來靈源白塔之間 而意悒悒 旣而天久

P.6

雨 留山中六日 乃得至船菴 在須彌峯下 從內圓通行二十餘里 大石削立千仞 路絕 輒攀鐵索 懸空而行 旣至 庭空無禽鳥啼 榻上小銅佛 唯二屨在 余悵然徘徊 立而望之 遂題名巖壁下 歎息而去 常有雲氣風瑟然 或曰 仙者山人也 又曰 入山爲仚也 又僊者 僊僊然輕擧之意也 辟穀者 未必仙也 其鬱鬱不得志者也

양반전

I. 〈兩班傳〉 해제

〈兩班傳〉은 연암燕巖 박지원朴趾源이 지은 한문 단편소설 중의 하나이다. 이 작품은 그의 문집『연암집燕巖集』내〈방경각외전 放璚閣外傳〉에 수록되어 전하는 것으로〈김광순소장 필사본 고소설100선〉에 선정되었다.

본 작품은〈김광순 소장 필사본 한국고소설전집〉79권으로 이를 서지학적으로 검토해 보면, 한지韓紙

〈양반전〉

에 세로 30cm, 가로 20cm 크기에 총 5면, 각 면 10행, 각 행 20자로 된 한문필사본이다.

조선조는 양반관료국가로 규정될 만큼 중인, 평민, 천민 등의 신분보다 양반은 특권을 가지는 계층이었으며 박지원 당시에도 양반의 위세는 대단했다.

〈兩班傳〉은 양반의 횡포를 구체적이고 희화적戱畵的으로 풍자하고 있다. 연암 박지원은 화려한 가문의 출신이면서 대담하게〈양반전〉을 저작하였고 이 작품의 저작동기에 대해 연암 스스로 "지금 소위 선비들은 명절名節을 닦기에는 힘쓰지 않고 부질없이 문벌만을 기화奇貨로 여겨 그의 세덕世德을 팔고 사게 되니, 이야말로 장사치와 비교해 무엇이 다르겠는가? 이에 나는 〈양반전〉을 써노라"라고 창작 경위를 밝히고 있다.

이 작품을 읽는 독자를 위해 줄거리를 살펴보면 다음과 같다

옛날 강원도 정선에 한 양반이 있었다. 신임 군수가 한 번씩 그를 방문하는 것이 관례일 정도로 인격이 높고 책을 즐겨 읽었으나, 경제 능력이 없어 관청의 곡식을 빌려 살아가고 있었다. 그러던 어느 날, 지방을 순찰하던 관찰사가 양반의 빚이 천 석이나 되는 것을 보고 그를 감옥에 가두었다. 그러나 가난한 양반은 천 석을 갚을 길이 없고, 군수도 그 형편을 알고 있으나 어쩔 방도가 없었다. 그러다가 마을의 한 부자가 그 소식을 듣고, 그 양반의 빚을 갚아주고 그 대신 양반의 직위를 자기가 산다. 이 사실을 알게 된 군수는 그 양반을 찾아가 보니 상민의 복장을 하고 군수에게 여러 번 굽신거리기까지 하였다. 군수가 그 까닭을 자초지종 듣고난 뒤, 혹 뒷날 이의가 생길 가능성이 있을 것이라 여겨 문권을 작성하고 마을의 여러 사람들을 불러 이를 증명하게 하였다. 양반이 어떤 것이란 설명과 의무를 실천하지 않을 때에는 옛 양반이 다시 양반을 찾아갈 권리가 있다는 내용을 공포하니 부자가 듣고 있다가 혀를 내어 두르며 나를 도적이 되란 말인가 하며 다시는 양반에 대한 언급을 하지 않았다는 이야기다.

이 작품은 가난한 양반과 부자 사이의 양반 매매사건을 같은 양반인 군수의 재치로써 파기시킨 것을 그린 골계소설로 보는 견해

가 통설이다.

  작자인 박지원은 양반에 대해 두 가지의 허위를 그려내는데, 양반이란 의무이행에는 과도하게 집착하지만 현실적 이익을 못 챙기는 불구적 존재라 하였다. 이와 반대로 의무이행은 등한시하지만 현실적 이익을 과도하게 집착하는 또 다른 불구자적인 존재를 이야기하고 있다. 이는 당대에 팽배했던 비정상적인 존재로서 불구적인 양반상을 신랄하게 기자(譏刺)하고 있음을 보여준다.

  작자인 박지원이 이야기하는 양반은 조선사회를 떠받쳐온 신분제도의 근본적 한계를 알리는 것이다. 신분제 철폐까지는 가지 않았지만 조선사회의 모순을 기자(譏刺)한 작품이라 평가 받고 있다.

Ⅱ. 〈兩班傳〉 현대어역

양반이란 사족士族을 높여 부르는 말이다.

정선 고을에 한 양반이 살고 있어 어진 성품에 글 읽기를 좋아했더니 이 고을에 새로 부임해오는 군수라면 반드시 그의 처소에 친히 예를 갖추어 방문하곤 하였다. 그러나 빈곤한 살림이라 관의 곡식을 꾸어 먹은 것이 여러 해 동안 천석이나 되었다. 하루는 그 고을을 순행하던 관찰사가 관곡을 조사하다 크게 화를 내었다.

"웬 양반이 군량미1)를 축냈단 말이냐?"

하며, 이에 그 양반을 옥에 가두라고 명령하였다.

군수는 그 양반이 가난하여 보상할 길이 없다는 걸 마음 아파하며 차마 죄를 주지 못하고 어떻게 해야 할지 몰라 망설였다. 하지만 갚을 방도가 없으니 어찌하랴. 양반은 주야로 눈물만 흘리고 나갈 방도를 꾀하지 못하자 그 아내가 불만스러운 눈으로 쳐다보며

"그대가 평생 글 읽기만 하더니 관곡을 갚을 아무런 방도가 없으니 당신이 평생 앉아서 글만 읽더니 이제 관곡을 갚을 방도도 없게 되었구려. 애고 이 양반아, 그깟 양반이란게 일 푼 가치도 없는 것이구려."

하였다.

마을 사람들이 모여 서로 이야기를 나누던 중, 부자가 말하기를

---

1) 군흥軍興 : 군량미 또는 환곡還穀.

"양반은 비록 가난하나 늘 존귀하며 영화로운 것이지. 내 비록 부자이긴 하나 늘 비천하여 감히 말馬도 타지 못하고 양반을 만나면 몸을 굽히고 절하며 코를 거의 끌다시피 하지. 지금 양반이 가난하여 관곡을 갚을 수 없을 정도로 군색하니 그 형세가 진실로 양반을 보전할 수가 없게 된 것이 아닌가 하네. 그러니 내가 관곡을 대신 갚아주고 그자의 신분인 양반을 내가 사서 가지는 게 어떨꼬."

하였다. 그리고 마침내 관문에 이르러 관곡을 상환하고 양반을 사겠다고 하자 양반이 크게 기뻐하며 허락하였다. 이에 부자는 관청에 관곡을 배상하니 군수가 크게 놀라 양반을 찾아가서 곡식을 배상한 사연을 물어보았다. 양반은 짧은 옷에 벙거지를 쓰고 길에 엎드려 자기를 소인이라 하며 감히 바로 쳐다보지 못하였다. 군수가 크게 놀라 내려가 붙들며

"그대는 어찌 스스로를 낮추어 이처럼 욕을 본단 말인가?"

양반은 더욱 황송해하며 머리를 숙이고 엎드려 말하기를

"황송합니다. 소인은 감히 스스로를 욕되게 하여 양반을 팔아 관곡을 갚았습니다. 이제 마을의 부자가 바로 양반입니다. 소인이 다시 어찌 감히 예 호칭을 감내하겠습니까?"

군수 탄식하며,

"군자이면서 부자요 양반이면서 부자로다. 부자이면서 인색하지 않으니 의義라하겠고 사람이 어려울 때 급하게 여겨주니 인仁이요, 낮은 것을 싫어하고 높은 것을 사모하니 지혜로다. 이는 참으로 양반이로세. 비록 그러하나 서로의 신분을 사사로이 바꾸기만 하고

증서를 가지지 아니하면 송사의 단서가 되니 내 당신에게 계약서를 만들어 드리겠습니다. 마을 사람들에게 이를 증명하여 증서를 만들고 서명하여 신뢰하도록 하겠습니다."
하였다.

이에 군수는 돌아와 마을에 사는 선비들, 친척, 농민, 기술자, 장사치들을 모두 불러 모았다.

부자는 관청 오른편 높은 곳2)에 자리를 마련하여 앉히고 양반은 관청 뜨락에 세웠다.

그러고는 증서를 만들어 읽기를

"건륭 십년 구월 모일 이 증서는 양반이란 신분을 가지고자 관곡을 갚은 자가 있으니 그 값이 천석이다. 양반이란 그 이름에 여러 가지가 있는데 글만 읽는 것은 선비요, 정치에 종사하면 대부라 하고, 덕이 있는 자는 군자라고 한다. 무반은 서쪽에 서고 문반은 동쪽에 선다. 그래서 이것을 양반이라고 한다. 이 중에서 그대는 마음이 가는대로 선택하라. 절대로 비루한 일은 하지 말아야 하고, 옛사람들 본받아 그 뜻을 숭상해야 할 것이다. 새벽 오경이면 일어나 촛불을 밝히고 앉아서 눈으로는 코끝을 내려 보고 발꿈치를 모아 엉덩이를 받친다. 『동래박의東萊博議』3)를 마치 얼음 위에 박을 굴리듯이 외워야 한다. 배가 고픈 것을 참고 추운 것도 견디어

---

2) 향소鄕所 : 고을의 청사를 이르는 말인데 여기서는 자리에서 가장 높은 곳을 말함.
3) 『동래박의東萊博議』: 송나라 여조겸이 지은 책. 『좌전左傳』에 대한 사평史評으로 글 공부하는 선비나 아전들에게 널리 읽힘.

입으로 가난하단 말을 하지 않는다. 이를 마주 부딪치면서 두 손바닥을 귀에 대고 두드리며 아침에 입속의 침을 조금씩 나누어 마셔야 한다. 소맷자락으로 취관毳冠4)을 쓸어서 쓰는데, 먼지 터는 소맷자락이 마치 물결이 이는 듯해야 한다. 손을 씻을 때 주먹을 쥐고 문지르지 말며 양치질은 지나침이 없어야 한다. 긴 목소리로 종을 부르고 느린 걸음 걸음이로 신을 끈다. 『고문진보古文眞寶』5)나 『당시품휘唐詩品彙』6)를 베끼는데, 깨알처럼 글씨를 잘게 한 줄에 백자씩 쓴다. 손으로 돈을 잡지 않고 쌀값을 묻지 않는다. 아무리 더워도 버선을 벗지 않고, 상투 없이는 밥을 먹지 않는다.

밥 먹을 때에는 먼저 국부터 마시지 말고 넘어가는 소리를 내어서는 안 된다. 젓가락은 방아 찧듯이 자주 놀리지 않고 파를 생것으로 먹지 않는다. 술을 마실 때 수염을 빨지 않고, 담배를 피울 때 볼이 쏙 들어가도록 연기를 들이마시지 않는다. 아무리 화가 나도 아내를 때리지 않고, 노여운 일이 있다고 해도 그릇을 던지지 않는다. 주먹으로 아이들을 때리지 말고, 종을 죽을 정도로 꾸짖지 말라. 소나 말을 나무랄 때에 그 주인은 욕하지 말며 화로에 손을 쬐지 않고, 말할 때 침이 튀지 않게 한다. 소를 도살하거나 노름을 하지 말라. 대체로 이러한 백가지 행동에 양반으로서 어긋남이 있게 되면 이 문서의 기록을 가지고 관청에 와서 분별하여 바루도록

---

4) 취관毳冠 : 모직실로 만든 갓.
5) 『고문진보古文眞寶』: 중국 역대의 이름 난 시문詩文을 모아 놓은 책.
6) 『당시품휘唐詩品彙』: 명나라 고병高棅이 편찬. 당시唐詩를 모아 놓음.

하라. 성주城主 정선군수가 도장을 찍고 좌수와 별감도 모두 서명하노라."

이에 통인通引7)이 도장을 내다가 여기저기 찍었다. 그 소리는 마치 큰북을 치며 하늘에 두성斗星과 삼성參星8) 별이 펼쳐진 것 같았다.

호장이 다 읽고 나자 부자는 슬픈 안색으로 한참을 있다가
"양반이란 겨우 이것뿐입니까? 내가 듣기에 양반은 신선과 같다던데 겨우 이것뿐이라면 별로 신통한 맛이 없군요. 더 좀 좋은 일이 있도록 고쳐주십시오."

이에 다시 고쳐 쓰기를
"하늘이 이 백성을 낼 때, 네 종류의 백성을 만들었다. 이 네 가지 백성 중에 가장 귀한 것이 선비요. 이것을 양반이라 하는데 이보다 더 좋은 것은 없다. 농사도 짓지 않고 장사도 하지 않아도 된다. 글만 조금 하면 크게는 문과로 나가게 되고 작아도 진사는 된다. 문과의 홍패라는 것은 크기가 두 자에 불과하나 백가지 물건이 갖추어져 있어 오히려 돈 자루라고 부른다. 진사는 나이 서른에 초사를 해도 이름이 나고 여러 훌륭한 일에 나아갈 수 있다. 귀밑 머리 바람에 날리고 배는 종들의 대답에 불러진다. 방에는 기생이 있고 뜨락 나무에는 학이 운다. 궁한 선비가 시골에 살아도

---
7) 통인通引 : 관아의 관장 밑에 딸려 잔심부름을 하는 낮은 관리.
8) 두성斗星과 삼성參星 : 이십팔 수 중에 있는 별들.

오히려 불편할 게 없고 이웃집 소로 자기 밭 먼저 갈고, 마을 사람을 불러다가 내 밭 먼저 김매게 하더라도 누가 감히 나를 업신여길까. 잿물을 코에 붓고 상투를 잡아당기고 수염을 뽑더라도 아무도 원망하지 못한다."

부자는 그 증서를 받자 혀를 휘두르며

"그만두시오. 그만두시오. 맹랑한 일이로다. 나를 도둑놈으로 만들려하는가?"

하며, 머리를 내 흔들며 가버렸다. 그러고는 죽을 때까지 다시는 양반에 대해 말하지 않았다.

Ⅲ. 〈兩班傳〉 원문

P.1

兩班者 士族之尊稱也 旌善之郡 有一兩班 賢而好讀書 每郡守新至 必親造其廬而禮之. 然家貧 歲食郡糴 積歲至千石. 觀察使巡行郡邑 閱糴糶大怒曰 何物兩班 乃乏軍興 命囚其兩班. 郡守意哀其兩班 貧無以爲償 不忍囚之 亦無可奈何. 兩班日夜泣 計不知所出 其妻罵曰 平生子好讀書 無益縣官糴 咄兩班兩班不直一錢. 其里之富人 私相議曰 兩班雖貧 常尊榮我雖富 常卑賤 不敢騎馬 見兩班 則跼縮屛營 匍匐拜庭 曳鼻膝行 我常如此 其辱也. 今兩

P.2

班 貧不能償糴 方大窘 其勢誠不能保其兩班 我且買而有之. 遂踵門而請償其糴 兩班大喜許諾. 於是 富人立輸其糴於官 郡守大驚異之 自往勞其兩班 且問償糴狀. 兩班氈笠衣短衣 伏塗謁稱小人不敢仰視 郡守大驚. 下扶曰 足下 何自貶辱若是. 兩班益恐懼 頓首俯伏曰 惶悚 小人非敢自辱 己自鬻其兩班以償糴 里之富人乃兩班也. 小人復安敢冒其舊號而自尊乎. 郡守歎曰 君子哉富人也. 兩班哉富人也. 富而不吝義也. 急人之難仁也 惡卑而慕尊智也 此眞兩班. 雖然 私自交易 而不立券 訟之端也. 我與

P.3

汝約 郡人而證之 立券而信之 郡守當自署之 於是 郡守歸府 悉召郡中之士族及農工商賈悉至于庭 富人坐鄉所之右 兩班立於公兄之下 乃爲立券曰 隆十年九月日 右明文段 屈賣兩班 爲償官穀 其直千斛 維厥兩班 名謂多端 讀書曰士 從政爲大夫 有德爲君子 武階列西 文秩敍東 是爲兩班 任爾所從 絶棄鄙事 希古尙志 五更常起 點硫燃脂 目視鼻端 會踵支尻 東萊博議 誦如氷瓢 忍餓耐寒 口不說貧 叩齒彈腦 細嗽嚥津 袖刷毳冠 拂塵生波 盥無擦拳 漱口無過 長聲喚婢 緩步曳履 古文

P.4

眞寶 唐詩品彙 鈔寫如荏 一行百字 手毋執錢 不問米價 暑毋跣襪 飯毋徒髻 食毋先羹 歠毋流聲 下箸毋舂 毋餌生葱 飮醪毋嗽鬚 吸煙毋輔窊 忿毋搏妻 怒毋蹋器 毋拳敺兒女 毋罵死奴僕 叱牛馬毋辱鬻主 病毋招巫 祭不齊僧 爐毋煮手 語不齒唾 毋屠牛 毋賭錢 凡此百行 有違兩班 持此文記 卞正于官 城主旌善郡守押 座首別監證署.
於是 通引搨印錯落 聲中嚴鼓 斗縱參橫. 戶長讀旣畢 富人悵然久之曰 兩班只此而已耶 吾聞兩班如神仙 審如是太乾沒 願改爲可利.

P.5

於是 乃更作券曰 維天生民 其民四維 四民之中 最貴者士 稱以兩

班 利莫大矣 不耕不商 粗涉文史 大決文科 小成進士 文科紅牌 不過二尺 百物具備 維錢之槖 進士三十 乃筮初仕 猶爲名蔭 善事 雄南 耳白傘風 腹皤鈴諾 室珥台妓 庭穀鳴鶴 窮士居鄕猶能武斷 先耕隣牛 借耘里氓 孰敢慢我 灰灌女鼻 暈髻汝鬢 無敢怨咨. 富人 中其券而吐舌曰 已之已之 孟浪哉 將使我爲盜耶 掉頭而去 終身 不復言兩班之事

■ 〈김광순 소장 필사본 고소설 100선〉 간행 ■

□ 택민국학연구원 연구총서 (1권~10권)

택민국학연구원	저서 명	쪽수	저자	출판사	출판일자
택민국학연구원 연구총서 1	한국고전문학사의 쟁점[*2006년도대한민국학술원기초학문육성우수학술도서로 선정]	527	김광순	새문사	2004.2.20
택민국학연구원 연구총서 2	오일론심기연구, 정각록연구[*2006년 문화체육관광부우수학술도서 선정]	388	김광순	박이정	2006.1.16
택민국학연구원 연구총서 3	고소설사	558	김광순	새문사	2006.8.20
택민국학연구원 연구총서 4	한국구비문학	666	김광순	새문사	2006.10.21
택민국학연구원 연구총서 5	한국고소설의 이해	291	조동일, 황패강, 설성경, 김광순, 신해진, 西岡健治	박이정	2008.9.30
택민국학연구원 연구총서 6	성주의 구비문학	763	김광순, 강영숙	한영종합인쇄	2008.12.1
택민국학연구원 연구총서 7	대구지명유래총람	727	김광순, 황재찬, 정병호, 강영숙, 김재웅	한영종합인쇄	2009.2.15
택민국학연구원 연구총서 8	군위의 구비문학	750	김광순, 배계용, 강영숙	경북프린팅	2008.2.28
택민국학연구원 연구총서 9	가정보감	811	김영국	경북프린팅	2011.6.30
택민국학연구원 연구총서 10	계산유고	398	강영숙	칼라원	2012.8.15

☐ 김광순 소장 필사본 고소설 100선 역주 1차본

직위	역주자	소속	택민국학연구원	작품
책임연구원	김광순	경북대학교	연구총서 11	1. 진성운전
연구원	김동협	동국대학교	연구총서 12	2. 왕낭전 3. 황월선전
연구원	정병호	경북대학교	연구총서 13	4. 서옥설 5. 명배신전
연구원	신태수	영남대학교	연구총서 14	6. 남계연담
연구원	권영호	영남대학교	연구총서 15	7. 윤선옥전 8. 춘매전 9. 취연전
연구원	강영숙	경북대학교	연구총서 16	10. 수륙문답 11. 주봉전
연구원	백운용	경북대학교	연구총서 17	12. 강릉추월전
연구원	박진아	경북대학교	연구총서 18	13. 송부인전 14. 금방울전

☐ 김광순 소장 필사본 고소설 100선 역주 2차본

직위	역주자	소속	택민국학연구원	작품
책임연구원	김광순	경북대학교	연구총서 19	15. 숙영낭자전 16. 홍백화전
연구원	김동협	동국대학교	연구총서 20	17. 사대기
연구원	정병호	경북대학교	연구총서 21	18. 임진록 19. 유생전 20. 승호상송기
연구원	신태수	영남대학교	연구총서 22	21. 이태경전 22. 양추밀전
연구원	권영호	경북대학교	연구총서 23	23. 낙성비룡
연구원	강영숙	경북대학교	연구총서 24	24. 권익중실기 25. 두껍전
연구원	백운용	경북대학교	연구총서 25	26. 조한림전 27. 서해무릉기
연구원	박진아	경북대학교	연구총서 26	28. 설낭자전 29. 김인향전

□ 김광순 소장 필사본 고소설 100선 역주 3차본

직위	역주자	소속	택민국학연구원	작품
책임연구원	김광순	경북대학교	연구총서 27	30. 월봉기록
연구원	김동협	동국대학교	연구총서 28	31. 천군기
연구원	정병호	경북대학교	연구총서 29	32. 사씨남정기
연구원	신태수	영남대학교	연구총서 30	33. 어룡전 34. 사명당행록
연구원	권영호	경북대학교	연구총서 31	35. 꿩의자치가 36. 박부인전
연구원	강영숙	경북대학교	연구총서 32	37. 정진사전 38. 안락국전
연구원	백운용	경북대학교	연구총서 33	39. 이대봉전
연구원	박진아	경북대학교	연구총서 34	40. 최현전

□ 김광순 소장 필사본 고소설 100선 역주 4차본

직위	역주자	소속	택민국학연구원	작품
책임연구원	김광순	경북대학교	연구총서 35	41. 춘향전
연구원	김동협	동국대학교	연구총서 36	42. 옥황기
연구원	정병호	경북대학교	연구총서 37	43. 구운몽(상)
연구원	신태수	영남대학교	연구총서 38	44. 임호은전
연구원	권영호	경북대학교	연구총서 39	45. 소학사전 46. 홍보전
연구원	강영숙	경북대학교	연구총서 40	47. 곽해룡전 48. 유씨전
연구원	백운용	경북대학교	연구총서 41	49. 옥단춘전 50. 장풍운전
연구원	박진아	경북대학교	연구총서 42	51. 미인도 52. 길동

□ 김광순 소장 필사본 고소설 100선 역주 5차본

직위	역주자	소속	택민국학연구원	작품
책임연구원	김광순	경북대학교	연구총서 43	53. 심청전 54. 옥란전 55. 명비전
연구원	김동협	동국대학교	연구총서 44	56. 어득강전 57. 숙향전
연구원	정병호	경북대학교	연구총서 45	58. 구운몽(하)
연구원	신태수	영남대학교	연구총서 46	59. 수매청심록
연구원	권영호	경북대학교	연구총서 47	60. 유충렬전
연구원	강영숙	경북대학교	연구총서 48	61. 최호양문록 62. 옹고집전
연구원	백운용	경북대학교	연구총서 49	63. 장국증전 64. 임시각전
연구원	박진아	경북대학교	연구총서 50	65. 화용도 66. 화용도전

□ 김광순 소장 필사본 고소설 100선 역주 6차본

직위	역주자	소속	택민국학연구원	작품
책임연구원	김광순	경북대학교	연구총서 51	67. 정각록 68. 장선생전
연구원	김동협	동국대학교	연구총서 52	69. 천군기2 70. 추서
연구원	정병호	경북대학교	연구총서 53	71. 금산사기 72. 달천몽유록 73. 화사
연구원	신태수	영남대학교	연구총서 54	74. 효자전 75. 강기닌전
연구원	권영호	경북대학교	연구총서 55	76. 고담낭전 77. 윤지경전 78. 자치개라
연구원	강영숙	경북대학교	연구총서 56	79. 설호전 80. 다람전
연구원	백운용	경북대학교	연구총서 57	81. 창선감의록
연구원	박진아	경북대학교	연구총서 58	82. 임진록 83. 제읍노정기

□ 김광순 소장 필사본 고소설 100선 역주 7차본

직위	역주자	소속	택민국학연구원	작품
책임연구원	김광순	경북대학교	연구총서 59	84. 순금전 85. 오일론심기
연구원	김동협	동국대학교	연구총서 60	86. 청학동기 87. 자치가 88. 쟈치가
연구원	정병호	경북대학교	연구총서 61	89. 운영전 90. 박응교전
연구원	신태수	영남대학교	연구총서 62	91. 장현전 92. 마두영전
연구원	권영호	경북대학교	연구총서 63	93. 소대성전 94. 장끼전
연구원	강영숙	경북대학교	연구총서 64	95. 정비전 96. 김신선전 97. 양반전
연구원	백운용	경북대학교	연구총서 65	98. 서유록 99. 장화홍련전 100. 진대방전
연구원	박진아	경북대학교	연구총서 66	101. 김태자전